儿童友好的开放空间构建

董楠楠 汤湃 著

中国建筑工业出版社

图书在版编目（CIP）数据

儿童友好的开放空间构建 / 董楠楠，汤湃著 . —北京：中国建筑工业出版社，2023.7
ISBN 978-7-112-28526-6

Ⅰ.①儿… Ⅱ.①董… ②汤… Ⅲ.①儿童教育—环境设计—研究 Ⅳ.① G61

中国国家版本馆 CIP 数据核字（2023）第 049926 号

责任编辑：毋婷娴
责任校对：党　蕾
校对整理：董　楠

儿童友好的开放空间构建
董楠楠　汤湃　著
*
中国建筑工业出版社出版、发行（北京海淀三里河路9号）
各地新华书店、建筑书店经销
北京方舟正佳图文设计有限公司制版
北京富诚彩色印刷有限公司印刷
*
开本：787毫米×1092毫米　1/16　印张：11$\frac{1}{2}$　字数：275千字
2024年6月第一版　2024年6月第一次印刷
定价：**158.00元**
ISBN 978-7-112-28526-6
（40975）

版权所有　翻印必究
如有内容及印装质量问题，请联系本社读者服务中心退换
电话：（010）58337283　QQ：2885381756
（地址：北京海淀三里河路9号中国建筑工业出版社604室　邮政编码：100037）

PREFACE

I am delighted to introduce this book, the first one in China to draw upon more than 15 years of research about child-friendly public open spaces. It is thus a unique and important resource for practitioners and students of landscape architecture and providers, funders and developers of public open spaces such as parks, playgrounds and housing areas. Another reason this book is important is because of the change in policies relating to children that have taken place in China in recent years. This includes the move away from a one to three child policy which may result in vastly increased numbers of children in Chinese cities. This is something which must be taken into account by the professionals and developers already mentioned. In addition the national, regional and city level child-friendly city policies enhance the importance of child-friendly public open spaces.

The book has ten chapters in three parts. Part one explores the foundations of child-friendly open spaces, starting by defining the subject and discussing its development over time. It continues by discussing the characteristics of children's outdoor activities and various types of outdoor spaces children used for play. It then moves on to explain research taken place on these spaces and the development of children's outdoor playgrounds, both in China and elsewhere in the world.

Part two of the book discusses some of the components of child-friendly outdoor environments, in a series of three chapters. The first chapter focusses on parks which are particularly important for children at weekends and holiday times. The second chapter discusses the subject in relation to residential areas. The importance of these for children is obvious because on a daily basis children go to and return from locations such as schools. Children also spend more time in the outdoor spaces associated with where they live when not in school. It is worth noting that this changes as children get older and may be influenced by extra-curricular activities and decisions made by parents and grand-parents.

The third part includes four chapters dedicated to different aspects of designing child-friendly outdoor public open spaces. This starts with the issue of safety which encompasses various aspects such as equipment safety, layout design, and child supervision. Chapter eight focuses on designing at different scales, considering the various dimensions and scopes involved in the process. The ninth chapter provides design guidance, offering practical recommendations and insights for creating effective child-friendly spaces. Finally, in chapter ten, the book examines the entire design process from its inception to completion, providing a comprehensive understanding of the various stages and considerations involved. The book ends with references of texts (and websites) that have been used and which provide additional resources to the book.

In summary, this book's importance lies in its pioneering research, its relevance to evolving policies, and its valuable insights for professionals and stakeholders. It serves as a vital resource in creating urban environments that promote the health, happiness, and holistic development of children.

Professor Helen Woolley
Head of the Department of Landscape Architecture
The University of Sheffield, England, UK.
April 2023

我非常高兴向大家介绍这本书，这是中国第一本基于超过 15 年研究的儿童友好公共开放空间的著作。因此，无论是对于景观设计的从业者和学生，还是对于公共开放空间（如公园、游乐场和住宅区）的提供者、投资者和开发者来说，本书都是独特而又重要的资源。另外，近年来中国与儿童有关的政策发生了变化，这也是本书之所以如此重要的另一个原因，其中包括从独生子女到三孩政策的转变，这可能导致中国城市儿童数量的持续增加。这是专业人士和开发商必须考虑的因素。此外，国家、地区和城市层面的儿童友好型城市政策也使儿童友好型公共开放空间研究变得尤为重要。

这本书共分为三个部分，包括十个章节。上篇探讨了儿童友好开放空间的基础，首先对该主题进行了定义，并讨论了其随时间的发展。接着，进一步讨论了儿童户外活动的特点以及儿童户外活动空间的分类。最后，介绍了国内外针对儿童户外活动空间的研究和儿童户外游戏场地的发展历程。

本书的中篇用三个章节的篇幅探讨了儿童友好型户外环境的构成。第四章聚焦于在周末和假期中对儿童而言发挥重要作用的公园。第五章讨论了住宅区相关主题。因为，儿童日常往返于学校和家之间，在不上学的时候，会在与他们居住地相关的户外空间度过更多的时间。因此，以上场所对儿童的重要性是显著的，这也正是该篇章重点关注这部分内容的原因。同时该书也提醒我们，这种情况会随着儿童年龄的增长而发生变化，并可能受到课外活动以及父母和祖父母的决定影响。

下篇包括四个章节，专门讨论设计儿童友好的户外公共开放空间的各个方面。其中，第七章是关于儿童户外活动场地的安全问题，包括设备安全、布局设计和儿童监护等多个方面。第八章着重考虑了在不同尺度上的设计问题，包括所涉及的各种维度和范围。第九章为设计指导，提供了创造高效儿童户外活动场地的前瞻见解和实用建议。最后，在第十章中，本书对从设计的起初到完成的整个过程进行了审视，提供了对各个阶段和相关考虑因素的全面理解。本书结尾列举了书中所使用的文本（和网站）的参考资料，它们为本书提供了更多的资源。

总而言之，这本书的重要性体现在其独特性、研究基础、政策背景以及提供给从业者、学生和相关方的实用价值。它为儿童友好开放空间的设计和发展提供了宝贵的知识和指导，对于创造更美好、安全和适宜儿童成长的城市环境具有重要意义。

海伦·伍利教授

英国谢菲尔德大学 景观系系主任

2023 年 4 月

目录 CONTENTS

003 序

009 上篇　儿童友好的开放空间：基础理论

010 第一章　儿童友好空间环境的定义与发展
010　1.1　什么是儿童友好城市
011　1.2　什么是儿童友好的城市空间环境
012　1.3　儿童友好空间环境的发展进程
013　1.4　立足于中国城市特色的儿童友好环境创建

015 第二章　儿童户外活动的行为特征
015　2.1　儿童游戏分类
019　2.2　儿童户外活动及游戏行为特征
020　2.3　儿童及青少年的户外活动与游戏行为规律

023 第三章　儿童户外游戏场地研究发展概要
023　3.1　儿童户外游戏场地的概念及类型
026　3.2　儿童户外游戏场地研究早期发展
031　3.3　我国的儿童户外游戏场地发展

035 中篇　儿童友好的开放空间：场景构成

036 第四章　公园中的儿童友好开放空间
036　4.1　公园中的儿童日常使用

038　4.2　儿童对公园环境要素的偏好
041　4.3　公园环境对儿童的健康价值
043　4.4　儿童友好环境下的公园设计策略
047　4.5　公园儿童游戏场地设计案例

055　第五章　住区环境中的儿童友好开放空间
055　5.1　居住区儿童户外环境使用
057　5.2　居住环境中儿童友好环境设计策略
061　5.3　代际共享型居住区儿童友好环境构建
063　5.4　住区儿童游戏场地设计案例

070　第六章　自然环境与儿童友好开放空间
070　6.1　自然环境中的儿童游戏
077　6.2　森林学校
083　6.3　自然教育花园
091　6.4　户外营地
103　6.5　亲自然性的游戏场地

123　下篇　儿童友好的开放空间：设计标准

124　第七章　儿童游憩环境的安全设计
124　7.1　安全概念及安全标准
127　7.2　儿童游戏场地区位安全设计
130　7.3　儿童游戏场地内部空间和设施中的安全设计
134　7.4　儿童游戏场地铺装及自然要素中的安全设计
137　7.5　儿童游戏场地管理维护中的安全措施

142　第八章　不同尺度下的儿童游戏场地设计方法
142　8.1　小型游戏场地设计
149　8.2　中型游戏场地设计
154　8.3　大型游戏场地设计

160　第九章　儿童户外游戏空间标识系统设计
160　9.1　儿童户外游戏空间导示系统
163　9.2　构成要素及设计原则
166　9.3　分级规划及设计原则

169　第十章　儿童参与的开放空间设计流程
169　10.1　前期准备
170　10.2　设计过程
175　10.3　施工阶段
176　10.4　使用阶段
177　10.5　场地维护
177　10.6　设计反馈

178　参考文献

182　后记

上篇

儿童友好的开放空间：
基础理论

第一章　儿童友好空间环境的定义与发展

当谈及儿童友好城市时，我们需要回答两个关键问题：什么是儿童友好城市？怎样才能称之为"儿童友好的城市环境"？这两个问题的答案不仅反映了我们理解儿童友好城市的内涵和意义的角度，还奠定了为儿童创造适宜成长和游戏环境的基础。

在创建适宜中国城市空间特点的儿童友好城市方面，作为当代研究人员和设计师，我们应当创设具有中国特色的儿童友好环境。这一过程不仅要考虑城市的物理结构，还需要关注社会、文化、教育等多个层面，以确保儿童在城市中享有充分的参与权利、安全感，以及教育和游戏的机会。

因此，在第一章中，我们首先回顾了儿童友好空间及环境在国内的发展历程，这有助于我们了解儿童友好城市的演进脉络。接着，我们深入探讨了中国城市发展的特殊性。针对这些特殊性，我们明确了设计适宜我国儿童的友好城市空间环境的重要性。最终，儿童友好城市的目标是创造一个有益于每个儿童健康成长的城市，这是我们的责任也是我们对下一代的承诺和关怀。

1.1　什么是儿童友好城市

1996 年第二届联合国人居环境会议上，联合国儿童基金会（United Nations International Children's Emergency Fund，以下简称"UNICEF"）和联合国人居署（UN-Habitat）发起了"儿童友好城市行动倡议"，旨在引导世界各国关注儿童生活、成长的城市环境，落实《儿童权利公约》。该倡议的核心是保护儿童的 4 大基本权利，包含 9 个方面的参考标准：儿童参与城市决策、儿童友好型的法律框架构建、儿童权利保护的意识、确保儿童权利得到保护的机构、评估体系、用于儿童权益保护的经济预算、定期发表城市儿童发展报告、儿童权利宣讲以及独立的第三方儿童权益机构。整体来说，儿童友好型城市的概念强调儿童平权，倡导成人在了解、接纳儿童想法的情况下为儿童创造更好的成长环境，其目标是建立一个可以听到儿童心声，实现儿童需求、优先权和权利的城市环境治理体系。

2004 年 UNICEF 发布了《儿童友好型城市行动框架》，指出城市建设中应当着重进行保护的 12 项儿童基本权利，包括儿童拥有独自行走在安全街道上的权利、与朋友见面并在户外空间游乐的权利、生活在不受污染的绿色环境中的权利等。2018 年，UNICEF 发布了《儿童友好型城市规划手册》，就城市规划如何在实现城市的可持续发展目标中发挥核心作用提出了建议，指出要创建繁荣、公平的城市环境，实现儿童友好型城市建设的关键是让儿童生活在健康、安全、包容、绿色和繁荣的社区环境中，并提出了 10 项"儿童友好城市规划原则"。截至 2020 年，全球有 46 个国家，400 多个城市和社区被授予"儿童友好型城市（社区）"的认证。

2021 年 9 月我国颁布了《关于推进儿童友好城市建设的指导意见》，该意见对儿童友好在我国城市发展背景下的含义给出了明确定义："儿童友好"是指为儿童成长发展提供适宜的条件、环境和服务，切实保障儿童的基本权利（即生存权、发展权、受保护权和参与权）。该指导意见还指出，建设儿童友好城市，寄托着人民对美好生活的向往，事关广大儿童的成长发展和美好未来。

1.2 什么是儿童友好的城市空间环境

儿童友好的城市空间环境是随着儿童发展权利的逐步落实发展起来的。自 1924 年第一份《儿童权利宣言》在日内瓦诞生，到 1959 年，联合国大会通过《儿童权利宣言》，明确了各国儿童应当享有的各项基本权利，儿童发展权益在国际范围内逐步受到重视；至 1989 年，《儿童权利公约》正式在全世界范围内开放签约。这是一部保障儿童基本权利并具有法律约束力的国际性约定，该公约旨为世界各国儿童创建良好的成长环境。中国于 1990 年签约，是第 105 个签约国。

国际上关于儿童友好空间及环境的研究通常以儿童权利为基本观念。认为儿童有权利也有能力为提高自己的生活体验发表观点，可以自主地进行游戏和社会交往，可以面对一定程度上的游戏安全风险，也可以在游戏失败或者是挫折中自主学习、提高经验；认为儿童，尤其是成长于城市环境中的儿童，应该更多地接触自然环境、亲近大自然。《儿童友好型城市规划手册》提出儿童友好的城市环境包含以下基本原则：健康的环境，是指城市环境是干净的，能承载儿童日常行为活动，让儿童健康和茁壮地成长；安全的环境，是指城市重视安全保障，并且能提示儿童各种风险的存在；儿童权利保护，儿童友好型城市环境包容所有的社会成员，赋予儿童参与决策的权利，以强化公民信任度、参与感和相互联系；可持续发展，儿童友好型城市环境是实现可持续城市发展模型的方式之一，儿童友好城市积极引导儿童保护环境和宣传安全绿色星球的理念；共同繁荣，是指在儿童友好型城市环境里，市民能够保持着较好的生活水准，能够接受教育，并享有基本城市服务，城市能够支持儿童的生活技能提升，并向他们提供未来就业机会。

在此基础上，《关于推进儿童友好城市建设的指导意见》对我国的儿童友好城市建设提出了 4 项基本原则。其一是儿童优先，普惠共享：坚持公共事业优先规划、公共资源优先配置、公共服务优先保障，推动儿童优先原则融入社会政策。坚持公益普惠导向，扩大面向儿童的公共服务供给，让广大适龄儿童享有公平、便利、安全的服务。其二是中国特色，开放包容：立足国情和发展实际，促进儿童参与，探索中国特色的儿童友好城市建设模式。结合推进"一带一路"的建设，坚持世界眼光，借鉴有益的经验，强化交流互鉴，以儿童友好促进民心相通。其三是因地制宜，探索创新：适应城市社会经济发展水平，结合资源特点，因城施策地推进儿童友好城市建设。鼓励有条件的城市改革创新，先行先试，探索建设模式并总结经验，积极发挥示范引领作用。最后是多元参与，凝聚合力：坚持系统观念，强化儿童工作"一盘棋"理念，发挥党委领导、政府主导作用，健全完善多领域、多部门工作协作机制，积极引入社会力量，充分激发市场活力，形成全社会共同推进儿童友好城市建设的合力。

1.3　儿童友好空间环境的发展进程

（1）国际发展

较早经历工业化和城市化的西方国家最早意识到快速城市化与儿童身心发展的相关矛盾，由此展开的对城市建成环境的探究与实践可追溯到20世纪20年代美国的"游戏场运动"和40年代在欧洲兴起的"城市冒险游戏场"。20世纪60年代，由联合国教科文组织发起、城市规划学家凯文·林奇（Kevin Lynch）牵头的"在城市中成长"（Growing Up in the City，GUIC）项目具有里程碑意义；而英国社会历史学家科林·沃德（Colin Ward）于1978发表的著作《城市中的儿童》（The Child in the City）和《乡村中的儿童》（The Child in the Country），正式开启了对儿童公共空间环境的研究。

1996年，联合国第二届人居环境会议提出"儿童友好型城市"倡议，认为城市应"为所有年龄段的儿童创造安全的环境和空间条件，在这些环境中他们能够自由获得休闲、学习、社会交往、心理发展和文化表达的机会"。自此，儿童的需求和权利被纳入城市环境建设与管理的公共决策之中。《里约宣言》和《21世纪议程》均指出，当代青少年儿童在环境发展、政策制定和具体实施过程中的公众参与将是城市可持续发展成功的关键。尊重儿童在城市公共游戏空间的主体性是儿童友好型城市开放空间规划与决策的重要组成部分。UNICEF在《2012年世界儿童状况报告：城市化世界中的儿童》中明确提出，城市应给予儿童可以容纳植物和动物的绿色空间。

（2）国内发展

我国对于儿童及其成长环境之间交互关系研究的开展最早可以追溯到20世纪70年代对于"国家—家庭—孩子"之间关系的讨论。自1990年我国正式签署联合国《儿童权利公约》至今，在适应中国国情的儿童友好城市建设模式上的研究与探索从未停止，并在"家园—社区—城市"3个空间尺度上有了初步进展；但相对先发国家而言，我国相关理论的实证研究起步较晚，研究也多集中于住区内特定儿童活动场地。根据第七次全国人口普查数据可以看到，我国0—14岁人口为25338万人，占人口总数的17.95%，少儿人口比重有所回升；越来越多的城镇人口参与流动，居住在城镇的人口占人口总数的63.89%，城镇儿童的规模迅速增加——这意味着将有越来越多的儿童生活在城市中。儿童人群日益成为中国城市环境以及公共性风景园林工作领域的重点关注人群。

2011年，国务院发布《中国儿童发展纲要（2011—2020年）》，将提升儿童健康成长环境、保障儿童成长安全作为主要发展目标。2019年，民政部在全国范围内提出了将"儿童友好社区"纳入各级政府社区发展规划提案的倡议，以促进社区层面的儿童友好环境建设。2020年，《中国儿童友好社区建设规范》通过国家标准委员会的预审后正式发布，此规范适用于评价和指导所有儿童友好社区建设，是评定社区是否为儿童友好社区的主要依据，并为儿童友好社区建设提供技术指导。其中，空间营造作为重要的社区儿童活动空间被单独列出。

2021年3月，《中华人民共和国国民经济和社会发展第十四个五年规划和2035年远景目标纲要（草案）》（以下简称"草案"）提交十三届全国人大四次会议审查。将儿童友好城市建设正式写进国家"十四五"规划，草案提出开展100个儿童友好城市示范，加强校外活动场所、社区儿童之家建设和公共空间适儿化改造，完善儿童公共服务设施。2021年9月，国务院颁布《中国儿童发展纲要（2021—2030年）》，明确指出：促进儿童健康成长，能够为国家可持续发展提供宝贵资源和不竭动力，是建设社会主义现代化强国、实现中华民族伟大复兴中国梦的必然要求；我国儿童事业发展仍然存在着不平衡、不充分的问题，需进一步落实儿童优先原则，进一步缩小儿童发展在城乡、区域和群体之间的差距，进一步健全基层儿童服务机制。2021年10月，为切实落实我国儿童友好城市建设，国家发改委联合22部门印发《关于推进儿童友好城市建设的指导意见》，明确要求城市规划建设要体现儿童视角，要通过制定城市各类儿童友好空间与设施规划建设标准、完善城市功能布局、优化公共空间设计，推进城市建设适应儿童身心发展，满足儿童生活和活动需求。

1.4 立足于中国城市特色的儿童友好环境创建

纵观我国近十年来的城市发展，人口老龄化、家庭小型化、结构多元化的趋势不断增强。比较近几次全国人口普查数据来看，大多数城市的老龄化与少子化程度进一步加深。为了进一步优化我国人口结构，2015年12月，《中华人民共和国人口与计划生育法修正案（草案）》制定了鼓励生育二孩的相关政策，并于2016年1月起正式实施；2021年5月，中共中央政治局通过了《关于优化生育政策促进人口长期均衡发展的决定》，提出"进一步优化生育政策，有利于改善我国人口结构、落实积极应对人口老龄化国家战略、保持我国人力资源禀赋优势"。新时期的人口政策对城市儿童生活环境的需求数量与服务效能提出了新的挑战。

不仅如此，2021年7月，中共中央办公厅、国务院办公厅印发了《关于进一步减轻义务教育阶段学生作业负担和校外培训负担的意见》，其根本目的是减轻义务教育阶段学生过重的作业负担和校外培训负担。在这项"双减"政策中，学龄儿童日常生活中的户外活动情况得到了极大的关注，在减轻课业负担的情况下，儿童将有更多的时间进行户外活动。

在以上政策背景下，反观我国城市空间普遍存在的空间高强度建设、功能高密度复合、人群高频率交互的特点，适宜儿童进行户外活动的城市公共空间极度紧缺。因此，如何在高密度的城市环境中适应儿童的需求，为儿童群体提供高效且高质量的户外环境是城市发展的重点，也是难点。

综合考虑近些年与儿童相关的宏观调控政策条例，可以对未来儿童友好事业的发展进行合理的预测。我国未来儿童人口数量将保持增长，儿童将有更多的时间在户外环境中活动是发展的必然趋势。因此，城市如何为儿童提供更加友好的成长环境，成为儿童优先发展原则下，完善城市功能布局、优化公共空间设计、推进城市建设过程中亟待解决的重要任务。

第二章　儿童户外活动的行为特征

《联合国儿童权利公约》将年龄在0—17周岁的未成年群体定义为儿童。不同成长阶段的儿童具有不同的行为方式和环境需求。要实现创建有益于每个儿童健康成长的城市，我们需要深入了解儿童户外活动的行为特征，因为这是构建适宜儿童活动的户外环境的理论基础。

因此，在第二章中，我们以认知理论和社会发展理论为基础，对不同研究理论中有关儿童游戏的分类进行了详细的梳理。我们总结了儿童户外活动的行为特点，归纳了儿童户外活动的行为规律，旨在从身心成长的角度提供帮助，更深入地理解儿童户外活动方式。这些深入的理解将为创造更加适宜儿童成长的环境提供坚实的基础，确保他们在城市中能够充分发展、安全快乐地参与教育和游戏。

2.1　儿童游戏分类

游戏是儿童接触周围世界的最基本方式。在游戏的过程中，儿童认识自己、感知环境、与世界产生交流；因此，游戏行为通常对儿童的身心发展产生重要影响。此外，游戏行为复杂多样，几乎可以涵盖一切儿童活动方式，因而学术界对儿童游戏的认知存在多样视角的不同理解。整体来说，当今学界主流的儿童游戏理论主要包括：弗洛伊德（Sigmund Freud）的心理发展理论、爱利克·埃里克森（Erik H. Erikson）的社会心理发展理论、约翰·沃森（John B. Watson）和博尔赫斯·斯金纳（Burrhus F. Skinner）的行为儿童发展理论、让·皮亚杰（Jean Piaget）的认知发展理论、约翰·鲍尔比（John Bowlby）的依恋理论、阿尔伯特·班杜拉（Albert Bandura）的社会学习理论、利维·维果斯基（Lev Vygotsky）的社会文化理论等。下面将从环境行为学领域常用的认知理论视角和景观社会学领域常用的社会发展视角对儿童游戏进行分类，并分析其游戏行为特征（图2-1）。

2.1.1　认知理论视角的儿童游戏分类

以儿童为对象的研究，通常需要从儿童本身的认知体验出发，对其认知系统进行研究。《中国学前教育百科全书·心理发展卷》对"认知"有如下的概述："广义的认知即认识，指人脑反映客观事物的特性和联系，并揭露事物对人的意义与作用的心理活动。狭义的认知指现代认知心理学对认知的解释，看法有多种。"聚焦儿童认知，目前主要受到两种理论的影响，一是皮亚杰认知发展阶段理论，二是信息加工理论。

图 2-1　主要儿童游戏理论图示

图 2-2　皮亚杰认知发展理论儿童发展阶段划分

（1）皮亚杰认知发展阶段理论视角的儿童游戏分类

皮亚杰的认知发展阶段理论是20世纪最有影响的发展理论之一，主要研究儿童智慧的形成、认知机制的发生及其发展规律。该理论认为，在儿童的头脑里有一定的认知结构，即知识结构，它是学习新知识的重要因素；已有的认知结构能对外部刺激进行同化，同时，在掌握新知识、获得新经验的过程中，这个已有的认知结构也对外部刺激产生顺应，并形成新的结构。依照该理论儿童的认知发展划分为如下几个阶段。

感觉运动期（0—2岁）：练习性游戏。该阶段儿童发展的主要任务是感觉与动作的分化。儿童依靠感知动作适应外部世界，构筑动作格式，开始认识客体永久性。在这一时期，儿童通常进行练习性游戏。练习性游戏通常由简单的、重复的动作组成。

前运算期（2—7岁）：象征游戏和结构游戏。该阶段儿童认为外界的一切事物都是有生命的，所有的人都有相同的感受；一切以自我为中心；单性思维，认知活动具有相对具体性，还不能进行抽象的运算思维；思维不具有可逆性等。在这一发展阶段，儿童通过模仿和想象进行以物代物、以人代人的象征游戏，例如"过家家"；以及利用各种不同的材料，按照一定的目的和计划构建物体的结构游戏，例如"用积木搭建高楼"。

具体运算期（7—11岁）：规则游戏。在该阶段的儿童认知结构中已经有了抽象概念，多向思维，思维可以逆转，因而能够进行逻辑推理。这个阶段的标志是儿童已经获得了长度、体积、重量和面积的守恒概念。此外，出现了去自我中心主义——这是儿童社会性发展的重要标志。这一阶段，儿童可以按照一定的规则进行具有竞赛性质的规则游戏，包括各种体育竞技类游戏。

形式运算期（11—16岁）：自由选择游戏。该阶段的青少年能够认识命题之间的关系，运用逻辑推理、归纳或演绎的方式来解决问题；能够理解符号意义、隐喻和直喻，能作一定的概括；思维具有可逆性、补偿性和灵活性。这一阶段的儿童对于游戏的选择脱离了认知发展的局限，从而可以按照喜好进行各类游戏（图2-2）。

（2）信息加工理论视角的儿童游戏分类

作为认知理论的一个流派，信息加工理论是运用信息论概念来解释人类认知过程的一种理论模式。该理论将人脑与计算机进行类比，认为儿童（和成人）能够通过感官及大脑对外界的信息进行一系列输入、编码、储存和提取的加工，从而认识世界，最后输出并产生一定的行为。该理论为研究人的感觉、知觉、思维和想象等具体认知活动的发展过程提供了一种有效途径。该理论认为，儿童的行为特征受到其认知发展、身体发育等方面的影响。通过总结不同阶段儿童在户外活动中的行为特征，可将儿童行为分为模仿型、创造型、冒险型、智力型、角色型和运动型6个类别。据此形成儿童游戏的分类如下。

模仿型游戏：体现儿童的观察和模仿能力。主要是以观察、模仿、表现等为内容的游戏方式。

创造型游戏：体现儿童的想象能力。游戏形式包括搭积木，以及利用黏土等材料模拟房屋建造等。

冒险型游戏：体现儿童的游戏技巧和勇敢精神，这类游戏能够锻炼儿童的意志和体力。游戏形式包括摔跤的玩乐性打斗、骑自行车或者滑冰竞速等。

智力型游戏：体现儿童的创新能力。主要是以观察、思考、推理、判断等为内容的游戏，游戏形式包括搭积木、拼图、下棋、猜谜语等。

角色型游戏：体现儿童的人际交往能力。游戏形式包括家庭角色扮演、职业扮演、童话故事角色扮演等十分丰富的内容。

运动型游戏：体现儿童大肌肉运动能力，游戏形式主要为跑、跳、骑车、匍匐前进、攀爬、投掷、滑行、旋转等。

2.1.2 社会化发展视角的儿童游戏分类

除了依据儿童认知理论对儿童游戏进行分类，其他一些分类方式也广泛应用在儿童相关研究中。例如根据明尼苏达儿童发展研究所米尔德里德·帕滕（Mildred Parten）在1932年进行的实验，从社会化发展层面将游戏分成了6种类型。

无所事事型：指儿童没有直接参与游戏时，通常伴随一些漫无目的的行为，会同时关注一些能引起他/她兴趣的人或事。

单独游戏：当儿童对其他人的行为不感兴趣的时候，他们通常会独处，并将注意力集中在自

图 2-3 社会化发展视角儿童游戏分类

己的活动中，自顾自地玩耍。这种游戏类型更常见于年龄段偏小的儿童身上。

旁观游戏：指儿童在一旁观看别人的活动，并以社交的方式与参与者进行互动，如提出意见或想法，但并不直接参与其中。这类游戏在年幼的儿童中最为常见。

平行游戏：指儿童单独玩耍，但进行的内容和附近的同伴相似或模仿他人行为的情况。

联合游戏：指儿童虽然参与团队活动，但他们各自的行为是不相关的或没有组织性的。在这类游戏过程中，包含了大量的社会行为，但游戏本身不具备组织性。

协作游戏：指儿童参与团队活动，并与团队成员共同完成一个目标。这类活动是有组织性的，团队成员有明确分工，儿童能够在群体中获得自我认同。这类游戏在学龄前儿童中相对少见，因为它需要更稳定的社会关系和高级的组织能力（图2-3）。

2.2 儿童户外活动及游戏行为特征

儿童户外活动类型通常以游戏的形式体现，可以说户外活动或游戏满足了儿童在生活中向往但无法进行的活动需求，是其成长过程中了解外部世界、学习基本技能、形成思维认识的重要途径。儿童的游戏行为有不同的表现形式，呈现出不同的行为特征，深入了解这些行为特征有助于为儿童提供更具针对性的、有益于身心发展的活动。

2.2.1 认知理论视角下的分龄儿童户外活动特征

不同年龄阶段的儿童因为感觉、知觉、思维、想象等认知能力发展的不同，在其能力范围内喜爱的活动类型也不尽相同。整体来说，儿童的分龄活动类型可以分为3个阶段。

幼儿期（0—3岁）：以感觉类活动为主，凭借潜在意识，以感知、触摸、比较等方式与外界环境发生交往。一方面，这个阶段的儿童通常通过反复模仿成人行为来获得成长和进步；另一方面，由于该阶段儿童的危险意识和躲避危险的能力较弱，在活动过程中需要家长随身看护。

童年期（3—7岁）：该阶段的儿童具备一定的行为能力和思维意识，象征性游戏是此阶段儿童最典型的游戏形式，其特点是通过模仿和演绎来体验各类场景；结构类游戏是经常出现此阶段儿童中的另一类游戏形式，他们借助各种造型和功能的构筑物展开互动行为，如玩秋千、滑梯、独木桥等。

学龄少年期（7—12岁）：以体育竞技等规则类游戏为主。这阶段的儿童在生理和心理方面逐渐发育成熟，具备较好的自制力和逻辑思维能力，因此适合按照一定规则进行的竞赛类游戏。

2.2.2 社会化发展视角下的分龄儿童户外活动特征

充分了解儿童的基本行为特征，对于创造良好的儿童游憩空间环境、提升儿童游憩空间导示系统的针对性设计、扩大儿童游憩的选择范围和促进儿童之间的自然交流具有重要意义。以儿童与周围人群的交流以及对周围环境的探索为视角，对儿童的户外活动可以进行如下的分龄分类。

幼儿期（0—2岁）：儿童在双亲的陪同下逐步学会翻身、爬行、独坐、步行以及其他协调四肢的运动，对周围环境产生好奇感。这个时期儿童在户外活动的主要范围集中在30m以内。

学龄前期（2—7岁）：好动、好玩，热衷于户外游戏，初具独立活动和参与集体游戏的互动能力。这个时期儿童在户外活动的主要范围集中在30～50m。

学龄期（7—11岁）：创造性和想象力的发展，促使适于户外社会学习的儿童技巧性、激烈动作性活动的开展成为主导。这个时期儿童在户外活动的主要范围集中在50～200m。

少年期（11—14岁）：逐步因性别意识而产生兴趣差异；这个时期儿童在户外活动的主要范围将不小于200m。

青少年（14岁以上）：14岁以上青少年其基本认知能力的发展已经趋于成熟，但其心智的发展仍与成人有较大距离。针对14—24岁的青少年，总结国内外进行的相关研究，其不同年龄段的活动形式可以进行如下细化分类。① 14—15岁。按照我国九年义务教育法的规定，这一时期的青少年大部分正处于初中阶段，儿时的游戏对他们还有很大的吸引力。他们对活动环境设计好坏并不十分敏感，常常是因为兴趣相投的同伴而相互吸引，在与别人的互动游戏中获得身心的愉悦。这一年龄段的青少年对同伴的依赖性还较强，活动也多以集体形式开展。② 16—18岁。从这一时期开始，青少年的自我意识比前一时期有了飞跃性的增长，各种新奇的念头不断涌现。他们热爱体育运动，对时尚娱乐形式接受很快，同时也开始接触一些成人的休闲活动方式。③ 19—24岁。这一时期的青少年或是在校园中继续读书，或是初入社会，已经形成比较稳定的人生观和价值观，辨别是非的能力也进一步增强，他们在场所中的活动体现出明显的自主性。他们对集体的依赖性减少，更专注于干自己的事。这一时期的青少年逐渐承担起社会责任，因此他们在场所中除了单纯的游戏娱乐，还想获得一些休息放松或是寻求宜人的户外学习空间。

2.3　儿童及青少年的户外活动与游戏行为规律

儿童和青少年的户外活动行为具有群体特征，好的儿童户外环境设计的最主要目标是为儿童和青少年群体提供适宜的游戏场地，促进他们进行更加丰富、更加有益于身心发展的户外活动，因此，了解儿童及青少年群体的户外游戏行为规律更有助于提出科学合理的设计。

2.3.1　儿童的户外游戏规律

儿童在户外活动时具有一定的规律性，包括行为偏向、活动地点、活动时间等内容。综合分析现有研究资料，儿童的户外活动规律可以概括为具有同龄聚集性、时间性和自发性等特征。

（1）同龄聚集性

年龄相仿的孩子喜欢聚集在一起游戏，因为相似年龄阶段的儿童心智和身体发育程度相对而言比较同步，对于事物的认知、兴趣以及处理方式能够获得同伴的普遍认同。不同年龄段的儿童所适合的活动也有所差异，如 3 岁前的儿童依赖于父母的陪伴，偏爱简单自然的环境，对于任何自然事物都能产生兴趣；而学龄前儿童则偏好人工环境中的游戏设施，抱有强烈的探索欲望，喜欢新奇刺激、平日生活环境中无法接触到的游戏活动。

（2）时间性

儿童在户外活动的时间规律受季节气候和生活方式两方面的影响。一般来说春秋季节的气候环境最适合儿童在户外进行活动；而在夏季，儿童活动时间通常调整为清晨或傍晚；冬天由于气温维持在较低水平，并且伴有大风大雪等天气，适合儿童户外活动的时间较少。此外不同年龄段的儿童在户外获得时间规律也有所差异。学龄前儿童，尤其是没有进入幼儿园的儿童活动时间相对自由，弹性大，通常取决于照看者的空闲时间段。对于学龄儿童，由于课业负担压力导致了户外活动时间的减少，通常会在放学后到居住区或社区公园内进行玩耍。相较于平日，周末是儿童活动的高峰期，与家长和儿童的空闲时间相匹配。

（3）自发性

儿童在户外活动过程中往往喜欢根据自己的兴趣和想象展开游戏，甚至超出父母规定的活动范围，发现一些不是有意为其设计的灰空间。整体来说，空间格局上具有围合性和领域感的场地更能激发儿童的好奇心和探索欲望，吸引他们进行自发性的活动。而对于专门为儿童设计的游戏场地，组合式的或没有明确使用限定的设施能够吸引儿童持续的兴趣，引发其进行各种不同的玩耍形式（图 2-4）。

2.3.2 青少年户外活动规律

14—24 岁的青少年正处于以学习为主导的时期，这一时期的青少年学习兴趣广泛，脑力思维活动逐渐发展。除选择性和独立性增强外，其主要的行为规律有：

（1）开始参与复杂的手眼互动

简单的游戏形式已经不能长久吸引青少年注意力，他们开始参与复杂的游戏活动，擅长电脑和电子游戏，爱看内容丰富而且有动感的图文，开始阅读内容较复杂的报纸、书刊，从中获取知识和信息。

（2）喜欢小组活动和自我表现

青少年处在对自己外表和言行特别敏感的时期，内心期待外界的肯定，但他们往往又不愿让别人看出自己在有意炫耀，可能以某种行动加以掩饰。因此，在青少年活动场所中提供让活动者能以最自然的方式表现自己的机会尤为重要。

另外,这一时期的年轻人对家庭的依赖逐渐减弱,倾向于在同龄人的团体活动中得到社会认同感,同时由于较少承担家庭责任,所以他们有更多的时间与同龄人聚会,经常参加感兴趣的小组活动。

(3) 寻求私密空间

由于青少年的自我意识增强,开始不像儿童那样绝大部分时间都愿意和别人待在一起,即使在公共空间中,他们也希望能有较隐蔽的小空间供他们休息或与好友交谈。

图 2-4 游戏场地中各种类型的儿童游戏
(图片来源:IUG)

第三章　儿童户外游戏场地研究发展概要

儿童户外游戏场地作为城市公共户外活动空间的一部分，常被用于服务城市中的儿童和青少年，这些使用者通常被认为是城市中的弱势群体。作为一种特殊类型的城市公共空间，儿童户外游戏场地的兴起和发展与城市社会经济、社会文化的发展密切相关。这反映了城市对儿童福祉的关切，同时也体现了儿童权益保护的重要方面。

在第三章中，首先我们分析了儿童户外游戏场地在不同城市背景下的发展历程，这为我们探讨在中国城市发展背景下儿童户外游戏场地的未来发展方向提供了基础。同时，我们从理论研究、设计实践、法律法规等三个方面，探讨了美国、德国、英国、日本等国家在儿童户外活动空间设计方面的标志性成果。这有助于介绍儿童户外活动空间设计的理论研究发展情况，为中国的实践提供有益的参考。

在深入了解国际儿童户外活动场地发展的背景后，我们着重考虑了我国城市环境的独特性。中国城市普遍呈现高密度和高复合性的特点，而新时期的人口政策导致儿童人口数量增加，对城市社区户外环境的服务需求也更加迫切。因此，我们提出了以公园、社区和自然环境为重点，从空间、人物、活动和时间等四个维度探讨更高效的儿童友好环境设计方法。这些方法旨在确保儿童在城市中能够获得更优质的空间环境和更好的健康成长条件。

3.1　儿童户外游戏场地的概念及类型

这部分将分析在不同的城市背景下儿童户外游戏场地的发展历程，以此为基础探讨在中国城市发展背景下儿童户外游戏场地的未来发展方向。

3.1.1　儿童户外游戏场地的概念

早期儿童户外活动空间研究中儿童户外活动空间是一个较为笼统的概念，研究内容偏向于为儿童活动场地实践提供基本的理论建议。美国教育家兼设计师弗雷德·林·奥斯曼（Fred Linn Osmen）在《儿童中心设计模式》（*Patterns for designing children's centres*）一书中探讨了儿童户外活动空间设计导则和对策。之后，埃弗里特·梅罗（Everett Mero）于1980年出版的《美国游戏地：建造、器械、维护和使用》成为当时美国儿童游戏场地建设的百科全书，内容涵盖了儿童游戏场地的游戏设施设计、游戏活动组织、后期场地维护和儿童活动监管等环节。美国威斯康星大学的加里·穆尔（Gary Moore）与其同事共同编著了《儿童活动区的建议》（*Recommendation for child play areas*）一书，针对居住区活动空间、娱乐中心、校园操场、邻里和区域公园，总结了规划建议和设计形式。日本建筑师仙田满在进行儿童设施相关实践的同时也一直致力于儿童游戏环境等课题的研究，并出版了《儿童的游戏环境》《游戏环境的设计》《儿童和游戏》《为了儿童的游戏空间》以及《为了幼儿的环境设计》等著作。

20世纪90年代，随着国际范围内对儿童发展权益的广泛重视，针对儿童户外活动空间研究相应得到进一步推动，相关研究成果呈现细分化趋势，儿童户外活动空间的针对性研究逐渐增多。特定空间类型下的儿童活动空间研究是重要的研究分支之一，涉及居住区、城市公园、校园、商业体等空间类型。不同空间类型所提供的儿童活动环境存在一定的差异，城市公园中大多儿童活动场地属于复合空间，在同一活动场地内承担了多样的活动功能；居住区儿童活动场地与儿童的日常生活密切相关，是儿童使用频率最高的场所，一般规模较小，活动类型相对单一，游戏连接性弱；校园儿童活动场地是儿童进入幼儿园和小学阶段后接触频率最高的户外活动空间，要求在"玩"的过程中培养儿童身体、智力和心理技能，可分为娱乐型、健身型、探索型、益智型几种空间类型；商业公共环境中适合儿童活动场所更多以复合空间形式存在，未对使用对象进行明确界定。

此外，以人群特征分异为前提是儿童活动空间研究的另一类重要分支，人群类型根据儿童心理年龄成长阶段或生理年龄成长阶段进行划分。英属哥伦比亚大学景观学教授苏珊·哈灵顿（Susan Herrington）以及其团队针对2—5岁幼儿园儿童的户外活动空间展开研究，并提出了2—5岁儿童户外活动空间的7C设计标准。在这类研究中基于人群特征分异的儿童户外活动研究主要采用行动研究（Action Research）模型，通过现场观察法和访谈法，分析以变化为目的的不同特征儿童之间的活动差异和关联。行动研究模式使被观察者能够直接地相互影响，从而能更加有力地解释儿童行为规律。

谢菲尔德大学景观学教授海伦·伍利，通过对不同年龄段儿童的游戏行为进行观察分析，提出了儿童游戏场地的游戏价值（play value）这一概念，并在此基础上探讨了游戏空间设计与场地游戏价值之间的联系，将游戏空间设计特点分为户外游戏空间的游戏类型、空间特征和环境特征3个维度，并提出了相应的评测工具，以便对场地的游戏价值进行量化测评。

因此，我们可以认为儿童活动空间与儿童游戏场地是两个类似但不完全相同的概念。其中，儿童活动空间内涵更为广泛，包括室内、室外各种类型儿童进行各类活动的环境；然而，游戏场地是一种专类儿童活动空间，主要功能在于为儿童进行各类游戏活动提供适宜的空间环境。由此进行的游戏场地分类也可根据游戏发生动机、活动组织性质、建造类型等多个角度进行细化分类。该书以下部分将着重介绍3种常见的儿童游戏场地分类方式，并在此基础上对游戏场地的设计进行深入探讨（图3-1）。

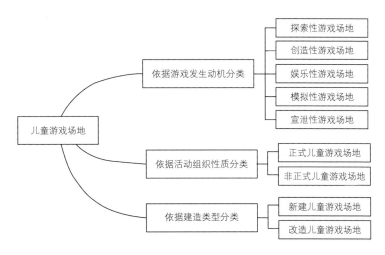

图 3-1 儿童游戏场地分类方式

（1）依据游戏发生动机的游戏场地分类

根据儿童游戏的发生动机或者游戏的内容和目的，可以将不同功能的儿童游戏场地分为探索性游戏场地，创造性游戏场地，娱乐性游戏场地，模拟性游戏场地，宣泄性游戏场地，共 5 个基本类别，其中每个类别的游戏场地的特征如下。

探索性游戏场地：不仅可以让儿童拥有信息和知识的获取渠道，还培养儿童的韧性和勇气。

创造性游戏场地：让儿童在一个可以被掌控的情况下进行体验游戏，发挥儿童的创意和想象力，在面对新的问题时，可以不断超越突破自己。

娱乐性游戏场地：为儿童提供娱乐消遣体验游戏，让生活变得丰富有趣。

模拟性游戏场地：提供角色扮演类游戏，让儿童在学习模仿的过程中，得到成长发展。

宣泄性游戏场地：为儿童提供宣泄类游戏设施来发泄负面情绪、宣泄压力，缓解心理问题。

（2）依据活动组织性质的游戏场地分类

综合各类儿童活动场地的不同分类标准，依据儿童活动场地的场地活动组织性质，儿童活动场地可以分为正式游戏场地和非正式游戏 2 个类型。其中，正式儿童游戏场地是指专门为儿童建立的，可以为儿童提供休闲娱乐的空间。根据儿童生理和心理发育需求，一般设置适宜儿童活动的设施，并且依据儿童喜好进行场地设计和种植设计，最大化地满足儿童的活动需求，同时具有文化历史教育意义和自然科学知识科普作用，为儿童提供与自然接触的机会，培养社会社交关系。而非正式儿童游戏场地的选址具有较大的随机性，适合儿童和其他人群共同使用，场地规划设计和场地设施大部分不具备儿童活动特点，但通常场地空间尺度适合儿童使用，配备设施安全完善，提供适宜儿童游憩使用的活动项目，适合亲子活动和家庭团活动。

（3）依据建造类型的游戏场地分类

在实践项目中也可以依据场地条件和原定用途，将儿童游戏场地的类型分为新建游戏场地和改造游戏场地 2 个类型。其中，新建儿童游戏场地依据儿童的使用需求、使用习惯和行为特征，选定适合儿童使用的场地新建为儿童活动场地。这类场地可以更好地满足儿童日常使用需求，场地设计、场地选址、场地设施均为儿童专门设计建造。不同于此的改造儿童游戏场地，是指在改造前具有不同场地类型和特点，依据儿童的游憩特征，进行场地改建、重建、扩建等手法，利用原有场地的部分特征与儿童场地设计相结合。改造后的儿童活动场地通常具有改造特点，满足儿童的好奇心和求知欲，培养儿童的创造能力和想象能力。值得注意的是，这类场地改造应符合儿童设计原则，发挥原场地特色，在为儿童提供安全舒适的活动场的前提下进行趣味性改造。

3.2 儿童户外游戏场地研究早期发展

3.2.1 设计研究发展

（1）美国

美国对于儿童户外活动场地的关注与研究可以追溯到 20 世纪初，它也是最早关注此话题的发达国家。由于当时世界经济中心的转移，大批移民开始迁入美国，于是大量无处可去的贫困儿童在街头打闹嬉戏，肆无忌惮地玩耍，出现安全隐患。政府为了解决贫困儿童的健康与安全问题，开始引入营建 "儿童游戏场"（playground）的理念，以此为手段有效地将儿童游戏从街道撤走，并将儿童分年龄组分配与外界"隔离"进行活动。"儿童游戏场地运动"迅速风靡了全球，甚至影响了欧洲的儿童游戏场地建设。但是单纯地割裂儿童游戏也存在诸多问题，儿童活动需要无法与生活环境联通，且完全地隔离并非完全安全。于是，在此之后奥斯卡·纽曼（Oscar Newman）在 1973 年进一步阐述了街道与儿童活动场地完全融合的住区形式，使儿童能够走出家门接触外界。从此以后，"将儿童隔离起来"的误区逐渐被纠正，儿童公共开放空间开始呈现在大众视野下。可溯最早的儿童活动场地出现在美国波士顿的一所公立小学内，之后儿童活动空间建设在美国发展迅速。1887 年纽约市通过了"在小型公园内建造专设儿童活动场地设备"的法案。1950 年 25 个美国城市在美国游戏协会的引导下有规划地进行游戏场设置。1960 年随着"全美儿童游园协会"（Playground Association of America）的成立间接推动了儿童游戏场地的发展。20 世纪 90 年代起，美国许多儿童相关组织如儿童游戏权利的美国协会和国际协会（American and International Associations for the Child's Right to Play）、全国幼儿教育协会（National Association for the Education of Young Child）、游戏研究协会（Association for Childhood Education International）等在大量实践项目的基础上开始对儿童活动的环境进行理论研究。

不仅如此，美国的户外运动是儿童及青少年的必修课程，也是开展环境教育的重要手段。20世纪初，在公园系统规划中就考虑附设儿童及青少年运动场。如1903年弗雷德里克·劳·奥姆斯特德（Frederick Law Olmsted）在西雅图的公园系统规划中，预测了西雅图市在今后100年的城市人口发展状况，创造了一个把公园、观景点、娱乐场地、体育设施等用林荫道串联起来的绿色空间网络，设立了许多分布均匀的儿童游乐场和青少年运动场，使该市的青少年在10—15分钟步行的距离就可抵达其中的一个，去享受散步、娱乐、参观、运动及其他室外活动的愉悦。

20世纪初期，威斯康星大学的加里·穆及其同事们撰写的《儿童活动区的建议》一书，收集了公园的优缺点、需求和使用的一般特征等资料，并对早期进行的研究以及相关书籍和文章的综述，提出了15条规划建议和56种设计形式。1910年之后，美国在各地设置娱乐中心，与公园结合，1915年后称邻近公园，成为城市居住区的中心设施。1920年，美国国民对于娱乐活动的认识迅速提高，公园建设也逐步增加。至今，美国各大城市中均设立专门为儿童及青少年服务的活动场馆。

（2）英国

英国是近代竞技运动的重要发源地，素有"户外运动之乡"之称。1845年由约西亚·麻吉尔（Josia Major）设计的曼彻斯特公园，设置了登木、体育器具等青少年活动器械。20世纪，由于人们对运动场地的需求，1925年成立了全国运动协会（National Playing Fields Association）推进了城市空地的发展，也使得青少年活动场地进一步扩大。第二次世界大战后，英国引进了"冒险游戏场"（Adventure Playground），迎合了青少年冒险和运动的天性。在18世纪60年代开始出现工业革命，英国蒸汽机和纺织机广泛地被应用在生产上，促进工业生产飞跃式的发展。尽管当时以军事为目的兵式体操运动正席卷整个欧洲，但英国新兴的资产阶级为了解决由大机械生产导致的生产节奏加快及城市人口剧增等出现的一系列社会问题，在全国积极推行发展户外运动和游戏，如狩猎、钓鱼、射箭、游泳、水球、滑冰、旅行、登山、赛艇、帆船、疾跑、跳远、跳高、撑竿跳高、投石、掷铁饼、高尔夫球、曲棍球、橄榄球、羽毛球、板球、地滚球、足球等。户外运动作为理想的体育休闲手段，正以一种更加自由、随意的运动方式走进英国大众的生活，得到他们的青睐。随着英国的对外发展，户外运动和游戏的影响很快就传到了美国、法国及世界其他国家。在英国、澳大利亚、新加坡等国家，一项以14—25岁的青少年为工作对象的非竞争性青少年素质教育项目——国际青年奖励计划开展起来，该计划主要鼓励他们开展包括探险旅行在内的5个类别的活动。其中探险旅行更加强调培养青少年的探索精神、发现能力、环保意识和团队合作意识，采取徒步、骑单车、划船、骑马等多种方式；而配合探险旅行开展的野外生存和拓展训练也可以让青少年受益匪浅。

（3）日本

日本对未成年人保护问题非常重视，无论是家庭、学校还是社会都从自身的角度，在未成年人的保护问题上，不断地做着努力。除了举国上下高度重视之外，最重要的原因是日本经济的高

图 3-2 日本老幼共享场所木构设施

速发展。第二次世界大战后由于受到国外影响,"雕塑制品"(play sculpture)被采用,并出现了"野外运动",在具有大幅度地形变化的公园中,顺序井然地配置一连串的冒险设施,强调兴趣之余还有利于体育锻炼。1985—1987 年在东京都的世田谷区经堂和空地上建起了日本最早的冒险游戏场,扩充了青少年的户外活动内容。日本除了具有丰富的理论研究经验外,在儿童户外活动场地的实践发展上也十分突出。从第二次世界大战以后至 20 世纪 90 年代初日本儿童公园的面积达到 8000hm^2,占全国居住区公园面积的 43.3%。

近年来,日本的儿童游戏场设计在老幼共享型设施和场地方面具有较好的发展。在日本,随着少子化和老龄化的趋势,学校将空余教室改建为老年日托所,并将校内的体育馆、图书馆等公共建筑向老人开放;或将养老院与托儿所设置在同一个场所,既节省建设与看护的人力资源,又产生了代际陪护与交流的可能。其中,采用木构建筑及装置营造老幼共享型场所的方式,因其经济、舒适且美观,被广泛使用(图 3-2)。

3.2.2 政策法规发展

在儿童户外游戏场地相关政策法规的发展方面,欧洲是相关政策法规最为完善的地区,欧洲国家首次号召在居住区内设置儿童游戏场地的历史追溯可以到 1933 年《雅典宪章》的发布。自那时起,伴随城市的建设与住区发展,欧洲开启了探索与儿童相关的游戏场地规划设计研究。到了 20 世纪 70 年代,欧洲基本完成了居住区儿童游戏场的基础建设与管理,儿童游戏场地系统脉络的建立初见成效。到了 80 年代,伴随儿童地位的提高,欧洲对儿童户外活动空间的关注越来越高,在战后重建期间,欧洲逐步形成儿童活动空间的规划与设计的规范,每个国家根据自身国情都有进一步统一的城市居住区的儿童活动场地标准。如此完善的标准体系为城市儿童户外活动空间研究从政策法规层面打下了基础。

（1）德国

德国对于城市环境中儿童游戏场相关规划设计的关注始于19世纪中叶。之后在1996年联合国人居大会上发起"儿童友好城市行动"（CFCI）倡议后，儿童的需求被纳入欧洲各国城市环境与景观规划设计的核心环节并成为公共决策的有机组成部分。在欧盟各国儿童游戏场安全标准体系中，最具有代表性与影响力的标准体系之一是德国安全要求标准（DIN Safety Requirement Standards），这一安全标准在系统性与全面性两方面为保障儿童安全权益发挥示范作用。其中DIN 18034 "游戏场和户外游乐场：规划、建造和运作的要求和说明"从宏观角度对儿童游戏场建设中的各个环节提出原则性的指导意见，涉及场地选址、空间布局、游戏设施等。DIN 18034也会根据变化的儿童游憩需求进行版本更新，最新一版于2012年2月发布。在DIN 18034的2012年版第4.3条中明确规定年龄小于6岁的儿童使用的儿童游憩场地最小面积为500m^2；年龄为6—12岁的儿童使用的儿童游憩场地最小面积为5000m^2；年龄大于12岁的儿童使用的儿童游憩场地最小面积为10000m^2；数值仅供参考，在不同地区情况下可以做相对应的调整，例如人口密度、房屋建造类型。在DIN 18034的1999年版中这一条例与最新版一致。可以看出，德国指标更为偏重不同年龄儿童的使用差异。

而关于儿童活动场地布置要求的相关条例，最早可以追溯到德国于1979年颁布的"游乐场法案"，里面明确规定一般小型儿童游乐地面积为150m^2，一般操场面积为2000m^2，教育专用操场面积为4000m^2。而儿童游戏区的性质，数量和尺寸由所在区域的大小、人口、发展的类型和密度以及这些范围内的特定的局部条件来决定。每个地区民政事务处可以成立一个游乐场委员会，并任命家长、教师和其他相关人员为成员。成员负责操场委员会的规划和游戏场的发展，并向当局提交建议和提案，达到咨询作用。所以游乐场委员会可以根据实际需求来提供儿童活动场地的面积、数量等相关信息的建议。目前德国各州的相关儿童游乐场地条例各不相同，但关于其面积和数量的规定总体沿用1979年的游乐场法案。所以，完善的德国儿童游憩场地人口空间分布规划对我国正在发展中的儿童游憩场地规划体系十分具有借鉴意义。同时德国具有非常完善的场地设施安全标准，可以最大限度地保证儿童设施的安全性，减少儿童游乐场地设备事故的发生可能性。

德国的各个州为了更好地保障儿童和青少年的权益，保持和提高他们的生活条件，保证他们户外活动的安全，以及更好地检测儿童游憩场地的使用情况，在20世纪90年代，莱茵兰－普法尔茨州（Rheinland-Pfalz）第一个开始使用LEIT游戏规划（spielleitplanung），之后这一规划手段也在德国全国几个城市和小城镇的应用。LEIT游戏规划主要有四个特点：①记录考量整个城市空间的发展；②关注儿童和青少年的活动参与；③从管理、政策以及公民三个方面建立多元化网络；④具有可持续发展意义上的约束力，做出持久的策略。

（2）英国

以英格兰地区为例，2008—2010年期间，政府制定了《儿童计划》（Children's Plan）和《游戏策略》（Play Strategy）两项政策以对儿童的游戏权利进行有效保护。其中，《游戏策略》项目的主要内容为：政府将投入 2.35 亿英镑用于全英格兰地区 3500 个儿童游戏场地的改造或新建；目标是将儿童户外游戏场地的设计方式从传统风格变得更加自然，从而增加儿童与自然接触的机会并提高游戏场地的游戏支持能力。

在此基础上，为了推动儿童游戏场地改造提升项目在地方政府的执行，另有两份补充文件相继发布。其一是《为了游戏而设计》（Design for Play），该导则提出了设计儿童游戏场地的 10 条原则，以及提供了许多有参考意义的插图和案例研究。另一是《管理游戏中的风险管理规定》（Managing Risk in Play Provision），该规定在解释并区分了游戏场地的"安全""风险""危害"和"伤害"等核心概念的基础上，明确了有关户外游戏场地风险管控的法律法规。不仅如此，该规定还提出了"游戏的风险收益分析"（Risk Benefit Analysis）概念，支持在户外游戏场地引入略带风险但比传统游戏场地更具趣味性的游戏设施或场地设计。通过对儿童游戏以风险收益分析的方式将游戏趣味与游戏风险这两个看似对立的方面进行统一，该规定的提出是儿童游戏安全领域的重要进步。因此，这两份补充文件为地方政府的实际操提供了关键的政策说明和实践框架（图 3-3）。

图 3-3 《为了游戏而设计》和《管理游戏中的风险管理规定》文件封面图片

此外，自 20 世纪 70 年代以来，开展社区合作一直是英格兰社区规划和实践项目的基本要求之一。《城镇和乡村计划法》（1970 年）明确规定规划人员应与社区居民互动交流。因此，通过让儿童参与进活动场地规划设计中以便对儿童参与权进行切实保护也是英国儿童游戏场地设计的重点关注内容之一。

3.3　我国的儿童户外游戏场地发展

我国的城市环境通常以高密度为显著特征，城市建成环境普遍呈现高密度化、高复合性的特点，在新时期"开放三孩"的人口政策下快速增加的儿童人口数对城市社区户外环境的服务效能提出了严峻考验。该部分将立足于我国的城市特征，深入探讨儿童友好城市在我国城市背景中的发展道路。

3.3.1　存量更新背景下我国全龄友好城市的发展

改革开放以来，中国进入了前所未有的城市化发展进程。改革开放前，从 1949 年中华人民共和国成立到 1978 年"三中全会"前的近三十年内，我国城市人口比重仅由 7.3% 上升到 17.92%；而在 1978—2008 年这三十年间，且不计算我国人口总数的扩张，我国城市人口比重便已升至 45.68%。这是城市飞速扩张的时代，我国由此经历了史无前例的大规模城市建设。2008 年后，我国城市化进程，尤其一线城市的城市化建设水平逐步趋于稳定，政府有关部门逐渐开始思考政策指导下的城市化快速发展所带来的相关问题，重新审视城市化本身的规律性，反思大拆大建带来的创伤，以及由于前期未充分调研导致城市化中的不合理性等问题。于是控制城市规模，构建合理的布局，完善政策制度，实现以人为本，成为我国城市建设面临的新命题。

在这样的背景下，我国多个一线城市逐步开始由增量建设向存量更新，使城市向有机生长的方向转变。2021 年 8 月 31 日，住房和城乡建设部正式颁布《关于在实施城市更新行动中防止大拆大建问题的通知》，进一步明确了实施城市更新行动是党的十九届五中全会做出的重要决策部署，必须稳妥推进城市改造提升，探索可持续更新模式，持续加快城市功能补足，营造全龄友好型社区。这一通知的发布，进一步引发了城市设计者们对于城市更新的思考。"全龄"理念的再次出现，实质上是进一步强调了全社会人群在城市中的平等权利。而在各人群中，儿童人群往往因为无法为自己发声而受到忽略，因而儿童友好通常最应为全龄友好的实现方式和衡量标准；对于儿童友好的空间，实质上也是对全龄友好的重要指针。

3.3.2　我国对儿童户外游戏场地建设的重视

《关于推进儿童友好城市建设的指导意见》聚焦儿童在当前城市发展的进程中产生的身心发展与环境需求无法满足的矛盾，针对社会政策、公共服务、权利保障、成长空间、发展环境

5个方面，提出24条任务举措，打开了儿童视角看世界的新篇章。由此可见，营造儿童友好的社区儿童户外空间是存在社会共性的。根据《中国人口和就业统计年鉴2018》显示，2017年我国0—17岁的少年儿童有2.77亿人，占总人口比例的20%，其中更有52%的少年儿童居住在城镇地区。快速增长的城市儿童人口数量与紧缺的儿童户外活动空间，成为现今城市建设中的一组矛盾，因此，给儿童提供一个安全、健康、舒适的户外成长环境成为全社会共同呼吁的话题。

现代主义城市在改善物质生活的同时，城市空间中的儿童生活趋向"驯养化、制度化和孤岛化"。高密度的城市建成区中，儿童游戏空间与设施被标准化、商业化，城市公园数量的增加并未解决儿童可利用空间和设施不足的问题，儿童日常生活几乎无法接触自然空间，儿童"自然缺失症"现象突出。在这样的城市环境下，更显得城市环境建设中儿童的话语权的重要性。城市的建设者、设计者如何把儿童的根本需求与城市发展相结合，在城市环境中为儿童寻找更加丰富的户外游戏机会？如何让设计与建设从始至终符合"儿童需求空间表达"，从"设计与决策"到"物理空间呈现"全流程贯彻儿童友好的思路？是我国儿童友好型城市创建的关键问题。

本书将立足于解决这些关键问题。本书一方面在城市环境中进行儿童友好空间挖掘，从公园、社区，以及自然环境三个基础场景对城市儿童友好环境的构成进行了新的解析（图3-4），为城市儿童提供更加丰富的户外活动提供了新的思路。另一方面，针对不同场景中的儿童友好环境以全周期设计的方式，对儿童友好环境的设计手法进行了系统梳理，为中国特色的儿童友好环境设计以及儿童友好城市创建提供了实践策略。

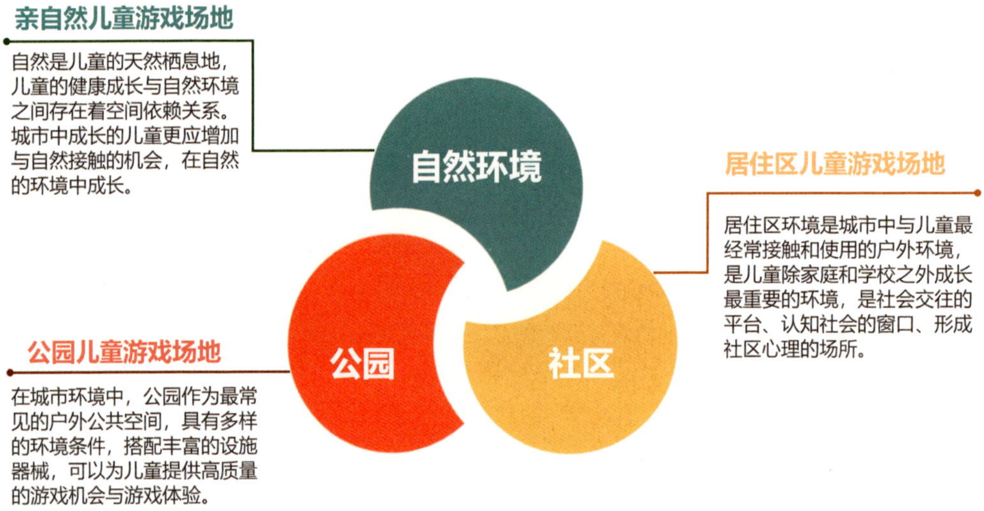

亲自然儿童游戏场地
自然是儿童的天然栖息地，儿童的健康成长与自然环境之间存在着空间依赖关系。城市中成长的儿童更应增加与自然接触的机会，在自然的环境中成长。

居住区儿童游戏场地
居住区环境是城市中与儿童最经常接触和使用的户外环境，是儿童除家庭和学校之外成长最重要的环境，是社会交往的平台、认知社会的窗口、形成社区心理的场所。

公园儿童游戏场地
在城市环境中，公园作为最常见的户外公共空间，具有多样的环境条件，搭配丰富的设施器械，可以为儿童提供高质量的游戏机会与游戏体验。

图3-4 我国城市儿童友好环境构成

3.3.3 儿童城市环境体验的理论模型

基于我国城市空间及人文及政策背景，从儿童的视角理解儿童在城市环境中的成长体验为基础，通过优化城市环境以为儿童健康成长提供更加适宜的环境是我国儿童友好城市环境营造的重点。

现有研究围绕儿童在城市环境中的成长体验这一核心概念，通常关注3方面的课题：第一，儿童对于日常户外环境的使用；第二，儿童进行户外活动时的成年人陪同或看护情况；第三，儿童日常户外活动的类型或内容。为了更加全面地描述儿童的游戏体验，日本学者仙田满（Mitsuru Senda）提出了儿童游戏体验的四个要素，即：游戏空间、游戏时间、游戏伙伴以及游戏内容。以仙田满的描述模型为基础，为更深入解释儿童游戏体验的环境影响要素，英国学者海伦·伍利教授在综合归纳现有儿童户外游戏行为研究的基础上，提出了活动时间这一新的维度，形成了SPIT（Space, People, Intervention and Time）理论模型，并且应用于英国谢菲尔德市及周边地区的儿童户外活动研究，取得了具有标志性的研究结果。为进一步发展适用于中国城市背景的儿童户外游戏行为研究模型，本书构建了SPAT（Space, People, Activity and Time）理论模型，通过调整四个维度之一的"介入事件"（Intervention）为 "行为"（Activity），SPAT研究模型更加关注儿童的户外游戏的活动类型和游戏内容。SPAT模型的提出是建立在两个基础理论之上：其一，儿童的环境体验（children's environmental experience）是由儿童所生活的外界物理空间（physical space），围绕儿童的各种各样的人群（surrounding people），以及儿童与这些物理空间和人群交流互动所产生的综合体验；其二，游戏是儿童与周围环境产生交流的最主要形式，儿童的游戏行为无处不在、内容多种多样。整体来说，SPAT是建立在对大量关于儿童环境体验以及游戏体验的细致研究和综合整合的基础上，为系统理解儿童户外游戏体验这一繁复概念而提出。该模型强调儿童所生活的空间、社会和文化环境与儿童的户外游戏体验之间的紧密关系，从4个维度为描述和解释儿童户外活动方式提出了基本工作框架（图3-5）。

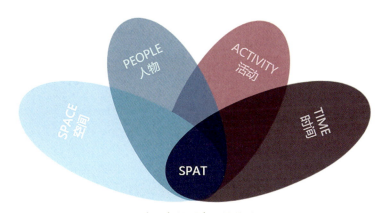

图3-5　SPAT理论模型

中篇

儿童友好的开放空间：
场景构成

第四章　公园中的儿童友好开放空间

如何以科学的方式创造高质量的儿童户外环境是一项重要的任务。以科学研究为基础，并采用循证设计的理念，以科研结论为依据来支持设计决策，是解决这一问题的关键工作方法，也是值得倡导的方法论基础。当今城市环境下，在儿童游戏空间的研究中，公园成为备受关注的焦点。作为最常见的户外公共空间，公园具备为儿童提供高质量户外活动环境的独特潜力。多样化的环境条件，丰富的设施和器械，赋予了公园为儿童创造丰富多彩游戏机会和游戏体验的能力。因此，公园不仅可以成为城市中儿童友好空间的代表，更应该成为城市规划和设计的着重关注领域。

在第四章中，基于 SPAT 模型的研究基础，运用调研数据对公园中儿童户外活动方式和特征进行了深度科学分析。我们深入探讨了儿童对公园的使用偏好，以及公园的物理和社会环境对儿童行为的影响机制，旨在更深刻地理解公园在儿童成长过程中的作用和价值。在此基础上，提出了更为科学和合理的公园设计全流程建议，这些建议将有助于促进儿童身心健康的全面发展。

最后，通过对多个建成案例进行深入分析和介绍，详细阐述了如何创造儿童友好的公园环境的关键要点。这些案例展示了成功实践的具体经验，为城市规划者、设计师和政策制定者提供了实际指导，确保公园成为儿童快乐成长和全面发展的理想场所。以实现为城市规划者、设计师和决策者提供深入理解儿童户外环境的知识和实际指南，以共同创造更宜人的城市环境，促进儿童的全面成长。

4.1　公园中的儿童日常使用

以上海世纪公园、和平公园和鲁迅公园为例进行的研究，对儿童在公园进行户外活动的现状从时间维度和人群交往维度进行了调查分析，总结出儿童公园中活动的时间偏好以及儿童和其他年龄群体的交流情况，为城市规划及景观设计人员提供儿童对于公园使用方式的深入了解。

4.1.1　公园儿童户外活动的时间维度研究

（1）公园使用频率及可达性

以上海为例进行的儿童使用公园的频率的调研显示，儿童去公园的频率大多为每个月 1～3 次（45%），以及每周 1～3 次（33%）；每天都去公园活动的儿童较少。因此，我们可以认为公园是儿童日常生活中经常使用的户外空间，但儿童对其的使用频率并不高。研究对该现象的影响因素从可达性角度进行了深入挖掘，通过综合分析公园的可达性与去公园的频率两个变项之间的相关性发现：公园的可达性与公园使用频率为正相关关系，这说明公园距离越近，儿童去公园的频率越高。

（2）儿童户外活动时间段

调研结果显示，儿童在公园进行户外活动的时间在全天中通常只分布在三个时间段，分别是最多儿童进行户外活动的下午 12~17 点（77.3%）；其次是上午 8~12 点（13.3%），以及傍晚 17~19 点（9.9%）。研究对学龄前儿童与学龄儿童选择来公园的时间分别进行了探究，结果显示学龄前儿童与学龄儿童最经常在公园进行活动的时间均为周末（分别是 35.4% 与 60%），但学龄前儿童在工作日来公园进行户外活动的情况远多于学龄儿童（分别是 32.7% 与 6.7%）。此外，调查发现学龄前儿童与学龄儿童平均每次在公园的停留时间一般都为 2~3 小时（48%）。

4.1.2 公园儿童户外活动与其他人群互动关系维度研究

（1）父母为主导的儿童户外活动陪护

调研结果显示，无论是学龄前儿童还是学龄儿童在公园进行户外活动时，通常都是由父母作为同伴。在学龄前儿童的户外活动中，仅次于父母的同伴为祖父母；再次是保姆与其他亲戚；学龄前儿童没有朋友同学为同伴的情况。然而，上海学龄儿童在公园的使用中，仅次于父母的同伴是朋友同学，其次才是祖父母和其他亲戚，且受访学龄儿童中没有保姆作为同伴的情况。这个结果说明儿童使用公园方式通常是以家庭为单位的，父母对于儿童使用公园的各个方面所产生影响的机会最大。虽然学龄儿童具备了一定的独立性，有单独与朋友同学去公园玩耍的倾向；但也几乎都是以家庭为单位进行公园使用。这也表明在儿童的公园使用中，与父母的接触最多，公园或可间接地增进父母与儿童之间的亲密关系；此外，儿童以家庭为单位进行公园使用决定了儿童去公园的时间及频率受父母时间安排的直接影响。

研究还对儿童的主导性程度进行了研究，结果显示：学龄前儿童户外活动的方式和内容主要是由家长决定，而一起协调决定占比最小；然而，学龄儿童则主要是和家长一起协调决定对于景观和设施的使用，其次是儿童自己决定，最后是家长来决定。这一结果说明，当今的上海儿童在公园中的活动设施及景观使用总体上还是受限于家长，但也有一定的自主权，且学龄儿童由于渐渐有了独立思考的能力，较之学龄前儿童对自己在公园中的活动设施及景观使用有了更多的自主权。因此，在对公园儿童游戏环境的设计中应当同时考虑家长感受视角和儿童感受视角，以提高亲子游戏体验。

（2）同龄儿童为主要的游戏伙伴

对儿童喜欢的游戏伙伴进行问卷调查，结果显示大多数儿童喜欢和认识的朋友以及家长玩；少部分的儿童选择和不认识的朋友玩，而喜欢独自玩的儿童最少。研究继续对儿童在公园的社会交往情况进行了深入挖掘，发现大部分儿童在公园能与其他儿童建立友谊（58.7%）的受访儿童有在公园中交到几个朋友；18.7% 的受访儿童在公园中交到很多朋友；少部分儿童从没有交到过朋友（14%），大部分原因是自己不想在公园交朋友；而还有更少一部分儿童（8.7%）由于家长的阻止从没交到过朋友。研究结果说明，儿童在公园中活动时，大多选择朋友作为玩伴（58.6%）；并且在选择朋友时，他们更多倾向于选择认识的伙伴。这个研究结果反映出儿童游戏行为特征中的同龄聚集性；同时，也提示景观设计从业人员，在为儿童设计户外游戏场地设计时，应充分考虑儿童与其他儿童的互动，为儿童提供设计友好的环境，为儿童及其伙伴提供一起进行游戏的场地。

（3）儿童与老年人的时空重叠

在公园中，与儿童户外活动最频繁发生时空重叠的使用人群是老年人。因此，研究对儿童对于其他人群的关注程度进行了探究，结果显示：对于公园中老年人的锻炼行为，约 37% 的受访儿童看过老年人的锻炼行为并认为此行为对他们无影响；32% 的受访儿童并没有看过老年人的锻炼，原因是老年人一般活动时间多分布在清晨及上午时段，而儿童活动时间大多在下午时段；22% 的受访儿童观看过老年人的锻炼行为，并表示喜欢观看；还有 9% 的受访儿童不喜欢这种锻炼行为。而从调研时的儿童与家长态度中也可大致了解到，儿童与对儿童以外的人群通常警惕性较高。实际上，儿童与公园中的其他活动人群（认识的人除外）的直接交往并不多，通常是必须或者礼貌性的简单交流；但一部分儿童喜欢观看别人的活动，以旁观者的视角进行观察，也并无过多交流。然而，公园应当为不同人群提供轻松愉快的社会交往环境，因此，如何提高公园环境的全龄友好程度是公园设计中需要着重考虑的问题。

4.2　儿童对公园环境要素的偏好

在了解儿童对公园环境的使用行为情况的基础上，从儿童心理出发了解儿童对于环境选择的偏好有助于更好地理解儿童行为规律，以便更好地掌握儿童行为规律。据皮亚杰的儿童空间认知发展理论研究结果，认知地图是外部空间经过时间和经验的积累在人记忆中的投影，可解释人们内心重要的信息以及关于世界的认知，且具有鲜明的个人色彩。研究采用了认知地图的方式对儿童对于公园中印象最深刻的元素和他们看待公园的方式进行了探索。

4.2.1　儿童对公园景观要素的偏好研究

研究收集了上海 7—12 岁的儿童公园绘画，通过绘画内容的解析初步了解儿童对于公园的认知情况。在 35 幅儿童画中，包括自然水体与植物与自然环境相关的共有 19 幅，有关建筑的共 9 幅，有关人的 14 幅，有关动物的 19 幅，有关游乐设施的 10 幅。表明儿童心中的公园应该是以自然环境为主的，且表现出了他们对于动物的明显偏好以及对于人际交往方面的需求，游乐设施的需要反而相对略显次要。

（1）自然环境

在 35 幅儿童公园绘画中有 8 幅直接与自然水体相关，一定程度上表现出了儿童的亲水性。而在与植物相关的 15 幅儿童公园绘画中，树、草坪、花这三种元素是儿童对公园印象中必不可少的。

（2）构筑物

在与建筑相关的 9 幅画中，建筑具体可分亭、桥、房屋三种类型，其中亭子出现的次数最高，而且几乎都是出现在水边，可见在儿童对公园的空间印象中，水边有亭子是公园特有的画面，同时也表现出了对亭这种构筑物的审美偏爱。

（3）社交人群

在 14 幅与人有关的儿童公园绘画中，有 11 幅都出现了其他儿童，有 4 幅出现了父母，而独自一人的仅有 1 幅，表明儿童在对公园的人群印象中重点关注的是其他儿童，去公园有部分动因是渴望与其他儿童一起玩耍。在公园中可以遇见大量集中分布的儿童，而父母由于不只是在公园空间可以见到，因此对其关注度较低。

（4）动物

在 35 幅儿童公园画里出现了 19 幅与动物有关的画，说明了在儿童的精神世界中动物是必不可少的伙伴，儿童的强烈好奇心使得他们会对各种各样的动物感兴趣，比如动物园给他们留下的印象，以及生活中动画片与童话故事的影响也让他们对动物有强烈的绘画偏爱。整体来说，排在第一的为蝴蝶与鸟并列，其次是蜜蜂，再次是兔子。与儿童的访谈得知在儿童画中，鸟、蝴蝶、蜜蜂这类在空中飞的昆虫动物通常只是点缀，不能完全说明儿童动物偏好问题。并且画中的动物可以分为现实与非现实两种，非现实的包括恐龙、凤凰等传说中的生物，现实的动物包括狗、兔、猫等都在绘画中出现，且大部分的动物被拟人化，一定程度上表明了儿童认为公园是自由地与其他生物相处的空间。

（5）游乐活动

在 10 幅有关游乐活动的儿童公园绘画中，游乐设施共出现 5 次，为最多。其次是划船和自由运动（包括秋千、跳绳），再次是与小伙伴做游戏。前三个出现频率高的游乐内容能一定程度

图 4-1 儿童认知地图中描绘的景观要素
（图片来源：IUG）

说明儿童的游乐活动偏好，而公园中游乐设施的存在是儿童去公园游玩的主要动因。

因此，由儿童的认知地图可知，儿童心目中的公园应该具备五大要素，以重要程度依次为：自然环境、动物、人际交往、游乐设施和建筑设施（图4-1）。

4.2.2 儿童游乐园故事主题偏好研究

如何为儿童营造一个游戏的乐园，使他们在乐园中得到快乐、想象，以及激发创造力，是当今儿童游戏场地设计的重点所在。所以现在上海很多综合公园、儿童公园或主题乐园中都有针对儿童人群所做的主题游戏区，如欢乐谷的蚂蚁王国、安徒生儿童公园、巧克力主题公园等，使儿童在游戏过程中获得身临其境的乐趣。

（1）儿童喜欢的动画片

研究从儿童最喜欢的童话故事和儿童最喜欢的动画片这两种主要影响儿童精神生活的元素展开，调研发现68%的儿童认为自己没有最喜欢的童话故事，而100%的儿童都有最喜欢的动画片。在此基础上，研究以动画片为主，探究儿童喜爱的故事主题与内容。依据2014年上海调研的结果显示，前三个儿童最喜欢的动画片是"熊出没""巴啦啦小魔仙"和"奥特曼"。其中，选择"熊出没"和"奥特曼"的男性儿童最多；选择"巴啦啦小魔仙"的女性儿童最多。

（2）动画片主题

通过深入分析每部动画片的具体内容，研究对每部动画片的主题做了分类，然后将分类主题的选择频率再次做出频率统计，结果显示：对男性儿童影响最大的"熊出没"与"奥特曼"主题分别为搞笑、亲子和热血、科幻、动作；对女性儿童影响最大的"巴啦啦小魔仙"主题是冒险、奇幻、青春。综合考虑动画片常见主题词，研究发现男性儿童普遍喜欢的动画片主题关键词主要包括：责任、正义感、勇敢、爱的力量、想象力、乐观、坚持、正确的价值观、幽默感、合作等；女性儿童喜爱的动画主题关键词包括：责任感、正义感、爱的力量、想象力、正确的价值观、助人为乐；两者有较多重叠部分。因此，在设计公园儿童主题游戏区中，可适当引入这些主题，让儿童在活动中与父母、亲戚、朋友等通过活动设施的互动以及情景角色扮演的方式进行游戏，培养其幽默感、责任感、想象力、合作精神，同时促进儿童的情感表达。

4.3 公园环境对儿童的健康价值

公园对于儿童健康的积极影响作用主要是指通过阳光、清新的户外空气、植物水体营造的微气候环境等为儿童提供自然且舒适的户外环境，以及通过引导儿童在宽阔的户外环境中进行更多体力活动，以上两个重要方面互相支持来实现的。

4.3.1 公园户外环境对儿童健康的影响作用

（1）户外空气质量对儿童健康的影响价值

空气是人类生存的必要条件，人体平均每天吸入的空气大概为 10～12m^3。清洁空气的组成中氮占 78.06%、氧占 20.95%、二氧化碳占 0.03%。大气虽然有自净功能，但人类的各种工业活动产生的污染物超出了大气净化能力范围后空气质量就会下降，儿童若一直生活在被污染的空气环境中对健康的危害是显而易见的，被污染的空气将刺激眼鼻等黏膜组织，增大儿童患生理机能障、呼吸道疾病的风险。而在城市中心区公园中具有丰富的植物群落，形成了天然"氧吧"，树木每日吸收二氧化碳并释放出氧气，并增加空气负离子浓度。负离子能够起到降尘、杀菌、清洁空气的作用，很多研究表明，空气负离子浓度在森林及水体附近较高。公园中通常还有大面积的水体，对污染物也具较强吸附力，还可以吸收灰尘。因此，公园洁净的空气会对身体健康有所助益。

（2）户外声音环境对儿童健康的影响价值

在 2010 年的全国城市噪声的调查中，北京和上海是噪声污染最严重的城市。上海城市中心区的噪声主要来源于交通噪声、生产噪声、社会生活噪声这几个方面。噪声从生理学理论角度的定义，是指使人们无法进行正常的学习、工作和休息的声音，以及人们想听一种声音时产生的其他干扰声音，它严重地影响了儿童的生理健康。在日本进行的千人调查中，发现吵闹环境中生活的儿童体重普遍轻于生活在安静环境中的儿童。现有研究发现噪声对儿童的具体危害有以下几类：①儿童若生活在 80 分贝以上的噪声环境中，将有 50% 的机会聋哑。②长期在噪声环境中，儿童会出现视力下降、眼花和眼痛等现象，还会导致头晕、头痛、失眠、多梦、乏力和记忆力减退、注意力不集中等神经衰弱症状。③噪声还能影响正常的消化功能，使唾液、胃液分泌减少，胃酸下降，从而引发消化道疾病。

众多的科学研究表明，植物是天然的消声器。树木和草坪在减少噪声上有极大的贡献，通过分贝测定，发现 70 分贝的噪声穿过 20m 宽的草坪，可降低 2 分贝噪声；穿过 4m 宽的绿篱可降低 6 分贝噪声；穿过 40m 宽的林带，可降低 10～15 分贝噪声。但是起消声作用的部位并不是植物的树叶，而是粗大的树干和茂密的树枝以及树下或在植物底部的腐烂叶层。树干和树枝将声波消散，且一部分声波沿树枝与树干传到了地下，之后再被吸收。

公园作为城市中的自然环境，空间较为开阔，声波易消散；此外，公园较之城市其他空间，普遍拥有良好的绿化环境，且开放较早的公园通常还具有许多年龄较老的树木，其枝干粗大、分枝繁杂，能较好地消散噪声。同时公园是城市中植物种类最多、树木最集中的地方，树底积累了稠密的叶层，这些都为噪声的消除提供了条件。

（3）户外微气候对儿童健康的影响价值

大自然环境之所以能在一定空间范围内改善微气候，其中植物起着不可忽视的作用。在城市中心区，公园是植物最集中的空间，公园利用植物改善微气候主要是通过植物来降低太阳辐射、在夏季减少光照强度、调节气温，以及调节空气湿度等几个方面实现的。具体如下：

通过植物的阻挡降低了到达地面的太阳辐射与光照强度。拥有茂密树冠的树木一方面可以直接阻挡太阳辐射，另一方面能吸收和反射部分阳光，而使从树叶间隙通过而到达地面的阳光减少。相关调查显示，一般情况下通过树冠的过滤只能透过 5%～40% 阳光。植物较多地区与无植物地区比，太阳辐射温度可降低 14% 左右，在夏天的作用特别明显。拥有丰富植物群落和参天大树的公园较之其他植物较少的儿童户外活动空间，减少了空气的炎热程度和严重的日晒现象，更适宜儿童活动。

植物调节气温，使公园冬暖夏凉，拥有良好的气温环境。植物蒸发水分的功能使得绿叶进行蒸发作用时会吸收空气中的热量，故一般密林地区的气温比城市地区低 3～5℃。而在冬季，绿化地带的树枝和树叶在白天吸收太阳的热量，在晚间又放出，所以冬季密林地区的气温又比城市地区高 0.5～1℃。植物水分蒸发还能增加空气湿度，通常在密林地区大气的湿度比城市地区高 7%～14%；另外植物根系强大的吸水作用又能保持地面的干燥。这样的环境对于儿童的身体健康是很有好处的。

4.3.2 户外体力活动对儿童的健康价值

童年阶段是人一生最重要的时期，因为这时的身体在不断地成长和变化。儿童期既是一个人出生至成熟的这个年龄阶段，也是从胎儿期发展到青春期的整个过程，其中每个年龄段的生理特点都各不相同，与成年人更是差异巨大，不同年龄儿童的生理特征决定了其使用公园的方式与偏好，而儿童如何使用公园又决定了公园对于儿童产生的生理价值的大小。

（1）体力活动对儿童身体健康的意义

身高的发育取决于几个因素，主要包括遗传、运动、环境、营养，以及社会因素等，而这当中运动是最有效而又容易实现的方式。据调查，男性儿童身高可通过一年的运动比不运动的同龄儿童多增长1～2cm，女性儿童可多增长2～3cm。在对小学生的调查研究中，经常运动比不运动的人高出5cm左右。运动促使儿童身高增长的原因有三：一是运动促进了儿童分泌生长激素；二是运动加强了儿童骨细胞的血液供应，有利于提高骺软骨的增殖能力；三是运动对骺软骨的增殖有良好的刺激作用。

（2）体力活动对儿童心理健康的意义

体力活动不仅对儿童身体健康有积极促进作用，同时也对儿童的心理健康和社会交往健康产生积极促进意义。研究显示，选择在自然环境中进行户外运动的儿童感觉更加有活力，也更容易集中注意力；户外运动也更有利于提升儿童的情绪愉快程度。此外，户外体力活动也为儿童提供了社交机会，儿童在活动中与其他伙伴一起玩耍，有利于提高其社会交往能力。体力活动在提高儿童的注意力方面也有显著效果，对儿童取得更好的学习成绩有所助益。体力活动除了在改善儿童身体姿态和平衡能力方面有显著效果外，还可以通过改善睡眠，降低儿童压力，改善情绪提升儿童的幸福感，对于儿童的健康成长和发展有重要意义。

4.4 儿童友好环境下的公园设计策略

基于以上研究结果，公园中的儿童游戏场地的设计应当将游戏场地的选址、游戏器材选择和游戏场地的主题以及风格，作为一个整体进行综合考虑。在公园中通过为儿童提供丰富的游戏机会，提升公园整体活力。整体来说，本书建议公园中的儿童游戏场地设计可以从：充分的前期准备，明确的设计原则以及营造对儿童健康有所助益的环境三个方面来进行全流程的场地设计（图4-2）。

4.4.1 充分的前期准备

公园儿童友好环境设计的第一步是对场地进行充分的了解，以便因地制宜地进行儿童游戏场地的设计。前期准备的内容主要包括：充分了解场地背景，使用者情况和场地特质。其中了解场地背景是

图 4-2　公园儿童户外活动场地设计流程

前提，在场地勘探调研中可以着重关注儿童游戏场地所在公园内的区位情况、公园的历史背景，以及修建性详细规划，并且获得场地详细信息的描述，有条件的情况也需要获取地下管网的情况（例如水、电、煤气等线路）。在此基础上，尤其是对于改造型游戏场地，需要对场地现有使用者及现状场地的使用情况有所了解，包括了解使用者的年龄构成，了解游戏场地使用人群是否有特定的年龄阶段，或者场地设计是否满足了主要年龄阶段人群的需求，考虑如何让游戏场地设计实现为全年龄阶段的儿童都提供游戏机会，以及对场地的社会环境，包括游戏场地周边的社会环境，例如场地是否接近早教中心或者是否为居住区的服务范围等多方面进行深入且细致的观察和走访了解。与此同时，了解场地特质可以为发挥场地优势，建设更具特色和趣味性的游戏场地提供思路，这要求在前期调研中思考场地可开发利用的优势，包括地形、植被、自然水体等方面；以及场地需特殊处理的劣势，包括交通、可达性、是否临近铁道线路、是否在人流量较大的街道旁等方面。

4.4.2　明确设计原则

在充分了解场地背景、特质和现状的基础上，儿童户外游戏场地的设计中景观设计技术技巧和对于游戏的理解认识这两方面内容都至关重要。好的景观设计手法可以充分利用场地特质给游戏场地带来更多的趣味，开发出游戏器材以外更多吸引儿童游戏的空间，极大地丰富儿童的游戏体验，参考英国儿童游戏研究组织"PLAY ENGLAND"(PE)提出的设计建议，公园中的儿童游戏场地设计原则主要包括以下 10 条基本内容：

① 关注儿童游戏场地中的每一个设计细节。
② 儿童游戏场地需要有良好且科学的选址。

③ 儿童游戏场地设计应充分利用自然元素。
④ 好的儿童游戏场地设计应当为不同年龄阶段的儿童都提供丰富的游戏体验。
⑤ 好的儿童游戏场地设计应当考虑为身体有缺陷儿童提供游戏机会。
⑥ 儿童游戏场地应考虑成人群体的使用习惯，应满足社会需求，提升公园活力。
⑦ 儿童游戏场地应为不同年龄段的儿童甚至是成人一起游戏创造机会。
⑧ 儿童游戏场地应让儿童体验冒险和挑战。
⑨ 儿童游戏场地在建成以后应持续地维护和修缮。
⑩ 建成后的儿童游戏场地应开放接受使用者意见反馈，并用于后期调整和提升。

4.4.3 营造对健康有所助益的儿童游憩场地

在依据场地特色提出了场地设计原则以后，本书主张优秀的儿童游戏场地的设计应充分考虑各年龄段儿童体力运动的空间需求，统筹布局与营造社区儿童体力活动空间，为不同年龄的儿童提供适宜的体力活动场地和促进设施，促进减少儿童肥胖和降低儿童近视的发生率，提高儿童健康水平；应选择通风条件良好，有充足遮阳的空间，为儿童夏季户外活动创造适宜空间；应选择阳光充足的地段，并宜设置在有遮挡冬季寒风的建筑物、构筑物的背风面，为儿童在冬天进行户外活动创造可能。

（1）场地设计

为儿童的高强度体力运动，例如，球类运动、快速追逐奔跑等，提供开敞平坦空间；为促进儿童专项体力运动提供相应辅助器材，例如，儿童攀爬网、攀爬墙等；为儿童使用轮类运动器材，例如，轮滑鞋、滑板车、平衡车等，提供起伏变化的场地设计，促进儿童进行轮类体育运动。并且在儿童户外体力活动区域周边配置饮水器，让儿童可以在进行大量流汗的体育运动后及时补充水分。

（2）游戏设施

游戏设施的配置应以促进不同年龄的儿童进行不同程度的体力活动为原则。其中，攀爬网是一种可以为多个年龄群体提供游戏机会的设施。由于爬行是儿童的运动启蒙，是幼儿肢体最初协调使用的运动行为。随着年龄的增长，协调能力与力量增强，儿童逐渐能够支撑身体进行竖向攀爬。攀爬网的设计兼顾了幼儿的爬行与大龄儿童的攀爬能力，不同的倾斜坡度为不同年龄段的儿童提供了不同的难度，坡度较为平缓的攀爬网适合低龄儿童进行游戏。此外，在攀爬网上，还融合了很多元素，例如攀爬轮胎、攀爬绳索等，攀爬绳的设计激发儿童尝试一种全新的攀爬模式，即手抓绳索，脚踏网绳，用一种近乎站立的姿态向上攀爬，这也是中大龄儿童偏爱的一种攀爬方式。

（3）种植绿化

宜选用满足儿童好奇心、具有特殊形态、质感或色彩的特色植物，可根据各地条件在儿童户外游憩需求高的季节营造特色鲜明的植物景观,包括:儿童活动范围内应提供适当比例的草坪空间,以供儿童进行奔跑跳跃和一些球类运动;儿童活动场地宜种植防蚊虫植物(薄荷、九层塔等);儿童活动场地适宜种植可攀爬的树木,设置保护网后,供儿童进行攀爬。

（4）水体设计

建议户外场地里的水体采用水循环系统,打造健康的活水质,减少污水沉淀物,定期清洁控制水环境周边环境,减少蚊虫等繁育（图4-3）。

图4-3 上海庄行萤火虫花园青蛙生态池水体设计
（图片来源：四叶草堂）

4.5 公园儿童游戏场地设计案例

4.5.1 庄行萤火虫花园

(1) 前期分析

项目位于上海奉贤新城生活圈,占地约 5hm²,处于规划绿廊与生态走廊中间。原是一处垃圾堆放地,2019 年改造为城市绿地,周边有多处新建居住区,基地西侧有一处社区养老院,东侧上方有高压线走廊,地下埋有液化油管,东临黄浦江分支南沙港(图 4-4)。场地最具特色的地方在于距离项目地 9km 外,有上海最大的野生萤火虫黄脉翅萤栖息地(图 4-5),1km 外有极为罕见的野生狗獾栖息地。基地的特殊条件与周边珍贵的生态资源使该地块的开发与设计充满了挑战。

图 4-4 场地改造前图片
(图片来源:四叶草堂)

图 4-5 场地中的野生萤火虫
(图片来源:四叶草堂)

（2）设计原则

设计将挑战转化为优势，整体考虑周边居住区、社区养老院以及基地高压线与液化油管的特殊限制，结合基地本身难得的生态条件，将其分为了社区板块与生态板块。社区板块主要考虑全龄段日常活动，重点打造以激发老人社会归属感及心理健康为出发点的康养区，和以乡土明星物种萤火虫为主题的亲子游乐区（图4-6）。

（3）儿童游戏场地及亲子游乐区设计

亲子游乐区以乡土明星物种萤火虫——黄脉翅萤为主题，以黄脉翅萤的卵、幼虫、蛹到成虫的四变态过程为主线，串联萤火虫作为伞护种在自然环境里遇到的蚯蚓、大腹园蛛、狗、白头鹎、条背萤、饰纹姬蛙等各位"邻居"。在整体的景观叙事中，将自然物种拟人化，并提炼其"邻居"们的生境元素，通过空间设计的手法将其转化为有趣、互动性强的景观节点。此外，结合景观设计制作了一系列科普标识、导览手册、生境手册以及引导亲子参与互动的系列活动。希望通过这些内容引导儿童关注身边的自然，了解生境的重要性，并在户外活动中促进人与人、人与自然的链接（图4-7～图4-9）。

图4-6　公园建成鸟瞰图
（图片来源：四叶草堂）

第四章 公园中的儿童友好开放空间

图 4-7 萤火虫花园夜观萤火虫活动
(图片来源:四叶草堂)

图 4-8 萤火虫主题游戏设施:滑索
(图片来源:四叶草堂)

图 4-9 自然生境设计:青蛙池塘
(图片来源:四叶草堂)

4.5.2 威海石岛凤凰湖公园

（1）前期分析

据《荣成县志》记载："凤凰港在县南一百三十里，帆船每泊此修理船只"，凤凰湖因港形似凤凰且在古老传说中有凤凰于此涅槃重生而得名。千百年沧桑巨变，历经数代人的不懈努力与接续奋斗，凤凰港毗邻的石岛湾、石岛港快速崛起，成为荣成开放发展和城市嬗变的重要窗口，而凤凰港却依然滞后于时代，始终保持着它的静谧与荒凉。在这样的背景下，提出的建设需求是按照荣成市精致城市建设要求，在原有基础上打造建设更高品质的大型城市主题公园。设计师在前期调研中对场地特质进行了概括：场地位于山东半岛东部的威海市石岛湾畔的凤凰湖公园，面向大面积碧蓝湖水，如展翅欲飞的凤凰，拉近了石岛、赤山与繁华大都市之间的距离。场地十分平坦，整体呈狭长状，具有为不同年龄阶段的不同使用人群提供优质的户外运动场地的独特潜力。

（2）设计原则

方案设计根据各年龄儿童发展阶段特性，设置动静结合的空间节点，打造全龄儿童活动场地以及市民健身运动场地。威海石岛凤凰湖公园儿童活动场地、健身运动场地面积共计2800m²。环湖而建，以凤凰作为文化符号进行概念演绎，将两个场地一分为二，凤身为儿童活动场地（图4-10），凤尾为健身运动场地，为儿童提供丰富的户外活动场地的同时也为其他年龄阶段的市民提供了户外健身场所（图4-11）。

（3）儿童游戏场地设计

公园中的儿童游戏场地的设计以凤凰为主题，铺装及颜色配置以凤凰为灵感，以卡通的形象对凤凰的概念进行了抽象化表达，将场地文化以儿童能够感知的方式融入设计中。与此同时，呼应场地连接山海的场地特质，在场所营造方面，场地中设置了树屋（图4-12）、灯塔（图4-13）等充满童话色彩的山海元素，旨在为儿童打造童真烂漫的游戏场地。

第四章 公园中的儿童友好开放空间

图 4-10 凤身：儿童活动场地鸟瞰图
（图片来源：乐丘）

图 4-11 儿童攀爬活动区
（图片来源：乐丘）

051

图4-12 树屋外部
（图片来源：乐丘）

图4-13 海洋元素：灯塔滑梯
（图片来源：乐丘）

4.5.3 西安环城公园

（1）前期分析

西安城墙作为中国现存规模最宏大、保存最完整的古代城垣，是国内外旅游胜地，是最能代表西安的一张文化名片和精神象征。围绕城墙修建的环城公园依据"古朴、自然、人文"的设计理念，保留"高墙深壕"的历史风貌，提出符合城墙文化特质的内、外岸林带改造设计，将西安城墙打造成世界文化遗产旅游胜地，实现"一环碧水映城垣"的环城生态全景。在这样的背景下，环城公园地理位置优越，历史文化底蕴深厚且为城市居民及游客免费开放，是西安无可替代的城市名片。儿童活动场地位于西安环城公园的环城中间偏南侧，在国学馆南侧，停车场北侧，地势东高西低，场地面积共计 3500m^2。

（2）设计原则

设计以亲子嬉戏为设计准则，体现趣味性、生态性、安全性，以新奇有趣的空间设计和互动活动，满足不同年龄段儿童以及亲子之间的游园需求；以丰富有趣的绿化种植，引导儿童探索自然的乐趣；材料与设施均确保儿童使用的安全性，并易于实施和维护管理。

（3）儿童游戏场地设计

该场地位于西安环城西苑中段，毗邻西安城墙。设计以城墙为灵感，场地外轮廓设计采用大小不一的方形体块拼合而成，以呼应方形的城墙体块。场地契合园林与幸福生活主题，从儿童的视角和感官出发，创造出符合儿童及大人童趣体验的"亲子乐园"。场地适宜不同年龄段儿童，分为微地形区、骆驼主题设备区、跷跷板区、攀爬区等功能游戏区，安装传声筒、认知墙等科普器材，全方面开放和锻炼儿童的协调、认知能力，为儿童创造一个健康快乐的活动空间（图4-14、图4-15）。

儿童友好的开放空间构建

图 4-14　环城公园儿童游戏场地鸟瞰图
（图片来源：绿文）

图 4-15　具有地域特色的环城公园儿童游戏设施
（图片来源：绿文）

第五章　住区环境中的儿童友好开放空间

居住区环境是城市中儿童最常接触和使用的户外环境，也是他们除家庭和学校之外成长最为重要的环境。这个环境不仅是儿童社会交往的平台，也是他们认知社会的窗口，以及形成社区心理的场所。在构建我国的儿童友好型社区环境时，需要综合考虑多方面因素，包括自然景观、环境安全性、游乐场地设计、交通条件、游憩服务设施、管理运营，等等。更重要的是，必须综合考虑儿童的成长需求、游戏空间的适宜性、以及交通的可达性等多方面需求。

在第五章中，通过对居住区内儿童户外活动现状的调研，深入了解了居住区儿童户外活动的习惯，各年龄段面临的主要安全问题，居住区内引发全年龄段儿童危险的原因，以及儿童户外活动的时间、内容和场地等方面的情况。这些研究结果对于居住区环境中儿童友好游戏环境的设计至关重要。因此，提升社区环境体系中的儿童友好度必须结合特定的社会人口、社区条件、家庭特征、运营配套等多个维度，将设计和实施内容贯彻到位。社区家庭作为重要参与方应该相互协同合作，积极参与环境改造设计和社区服务设计，以真正实现儿童友好型社区环境体系的不断完善，满足多元需求。同时，考虑到我国高密度城市中代际共居现象的普遍性，提出了代际共享型居住区建设作为未来社区规划的重要方向，并尝试性提出了共享型社区的设计建议，以因应这一社会趋势。这一理念鼓励不同年龄层次的居民共享社区资源、互相支持，创造更加和谐和多元化的社区生活。

最后，通过展示一系列成功的实际案例，提供了实践参考和启示。这些案例突显了在不同地域和社区背景下，如何有效地构建儿童友好的社区环境，以及代际共享型居住区的实际运作方式。通过这些具体案例，希望可以更深入地了解如何将理论概念付诸实践，从而创造更宜居、更具社会包容性的城市社区，促进居民的共融与幸福，并且激发学者和设计师对社区规划和儿童友好环境设计的创新思考，并为未来的城市发展提供有益的指导。

5.1　居住区儿童户外环境使用

5.1.1　居住区儿童户外活动空间维度研究

在上海市进行的调研，以抽样访谈的方式对儿童在居住区中进行户外活动的场地进行了基础调研，总结出儿童游乐设施区、草坪及绿化区、广场、滨水区域、健身区和步道周边等6个儿童频繁使用的区域。此外，研究发现儿童进行户外活动的场地是随儿童进行不同类型活动而变化的。根据访谈情况，可将儿童户外活动的偏好场地区分为聚集型游戏场地和连续移动型游戏场地两种类型。

（1）聚集型游戏场地

儿童一般选择居住区内儿童专用游戏场地、草坪和广场作为活动场地（图5-1），在这里不仅可以玩各种各样的游戏，还可以结识很多同龄的小朋友，而且因为这些活动场地有其固定的空间范围，可以满足家长的看护及找寻需求。而有些居住区缺少相应的儿童活动场地，儿童会选择在有健身器械的成人健身区或是宅间绿地、住宅楼下活动。

（2）连续移动型游戏场地

有时儿童在居住区内的活动范围是没有边界、连续移动式的，串联移动在步行道、儿童专属场地、滨水区、健身区、广场和草坪绿化区等空间（图5-2）。

图 5-1　以设施和草地为主的聚集型游戏场地
（图片来源：乐丘）

图 5-2　以步道为主的连续移动型游戏场地
（图片来源：乐丘）

5.1.2 居住区儿童户外活动内容研究

对居住区内儿童的活动特点进行的研究，从不同年龄段儿童的户外活动偏好和活动特征两个方面对居住区内部环境中儿童的户外活动特点进行了归纳总结。

（1）年龄特点

7岁以下儿童一般注意力比较分散，自主性较弱，往往会由家长决定活动地点，并且在家长看护下进行奔跑、捉迷藏等简单的活动，经常使用儿童活动场地内的游乐设施玩耍；7岁以上的学龄儿童喜欢去人少的地方进行一些比较危险的活动，比如爬树、追逐等活动，还可能会选择自行车、溜冰等活动。男孩子一般会选择冒险类的活动，女孩子一般会选择聊天、晒太阳等相对文静的活动。

（2）活动方式特点

儿童户外活动同时具有聚集性和独立性的特点。在户外与人交往时，一部分儿童会自发地聚集到一起，互相玩耍交流；也有儿童性格比较安静，喜欢独自在角落里观察玩耍。根据调查样本，研究总结出5种常见的儿童社区户外活动类型，包括：奔跑、追逐等动作游戏类；玩儿童游乐设施类；自行车、打球等运动类；赏花、观察小动物以及看书、休息等静态游戏类；攀爬树木、器材等冒险类。偏好选择儿童游乐设施类活动的占比在45%；其次是奔跑、追逐等游戏类，占比为29%；静坐休息等静态游戏以及爬树等冒险类游戏是较少出现的活动方式。

5.2 居住环境中儿童友好环境设计策略

以居住区儿童户外活动对于环境的安全需求、可达性、健康促进、功能复合以及可持续等多个方面的需求为基础，这部分内容针对居住区内包括道路、公共空间以及儿童专类空间中儿童友好的游戏环境的营造，从儿童的健康、教育、安全、陪伴四大角度提出设计建议。

5.2.1 居住区儿童户外活动环境需求

在理想的居住区环境中儿童可以随处自在玩耍，家长们可以放心让孩子在庭院内、街道上游玩；但随着居住区的建筑密度不断增大，公共户外空间极度压缩，儿童及其他年龄群体都难以在居住区环境得到足够的活动空间，与此同时，交通安全问题也日益凸显。因此，何为儿童友好的居住区环境，本书认为有以下几个标准：

（1）安全的环境

儿童在户外活动时由于自身对新鲜事物的好奇心、冒险精神，对活动的过分投入从而忽视了环境的危险性，尤其是对于一些安全意识与自我保护意识较弱的儿童来说，户外活动环境的安全性尤其重要。安全性是儿童在日常户外活动的基本保障，包括主体与客体的安全。主体的安全主要是指由于儿童这一特定主体的心理与生理方面的特殊性，其在户外环境中产生的安全问题，其中最重要的是周边环境的总体安全、心理安全；客体的安全主要是指由于户外环境这一特定客体在设计、施工安装、后期维护不当所产生的，户外活动环境的防卫安全与行为安全就是所指的客体安全。

（2）便捷可达的环境

可达性是指在一定空间和距离社交的难易程度，是研究儿童户外活动环境空间布局与交通安全的重要特性。儿童在户外进行游戏活动时易忽视周边环境的危险性，尤其是在街道上活动易发生交通意外，因此，须减少动态交通对儿童户外活动环境的影响。为了使儿童户外活动环境方便居民、儿童游玩，又要保证其易于到达，需要远离人流量大的道路，选择靠近停车场附近的空间，这样既避免了人流与车流穿过，又方便家长与儿童来这里游玩，保证了户外活动环境的稳定性与交通安全。

（3）对健康有所助益的环境

户外活动的保健性主要是指户外活动环境为了满足儿童在户外活动时对场地、环境的空气、气候等要求的设计。人们都喜欢沐浴充沛的阳光、呼吸洁净的空气、享受优美的景观和安静的环境，高质量的游憩质量、适宜的户外环境不仅是人类基本的生活需求，更是人们对于环境的特殊心理需求。儿童在户外活动的时间与心情容易受天气状况与活动环境状况影响。比如，在炎热的夏天，铺地材料反光严重又没有遮阳设施的户外空间就无法使用；在寒风凛冽的冬天，儿童也难以适应无挡风设施或全开敞的环境设计。因此，在环境设计上要充分考虑并且改善由于天气变化带来的不利影响，做到户外活动环境的全时性设计，这需要在户外活动环境的地形、植物、景观设计等方面最大化地提高儿童在不同天气环境下外出活动的可能性。

（4）多功能复合的环境

尽管规划设计师在设计户外活动环境时进行合理的功能分区，但由于居民生活的多样性，也使得各类活动环境的使用界限十分模糊；另外，儿童的行为和心理的不确定性也决定着户外活动环境的多样需求，游乐空间和设施设计需要变化多样。根据不同年龄段的儿童设置分区等级，把儿童活动空间设计为多种用途，根据使用者的转变而对应转变。利用一些空间可塑形的材料，如沙子、水、阳光等元素来辅助活动的多样功能，这些材料本身的物理特性能激发无穷的想象力，创造出不可思议的新玩法（图5-3）。

（5）可持续的环境

环境的可持续性一方面主要是指环境设计能否遵循自然和谐、以人为本的设计原则，能否鼓励儿童尊重自然环境，并与大自然零距离接触，能否有利于儿童的健康成长。例如，在儿童户外活动环境设计中设计大草地空间，满足儿童奔跑、追逐、攀爬树木的需求，让儿童能够体验自然、感受自然，也有利于环境的可持续性发展。另一方面，环境的可持续性也体现在户外活动环境的后期安全监管上，包括了场地的维护、活动器械的安全安装与后期检查，以及对儿童日常户外活动的安全教育。

5.2.2 居住区儿童户外活动空间重点营造区域

儿童游戏无处不在，居住区中户外儿童活动的空间主要有道路交通空间、公共活动空间和儿童专属空间等。

（1）道路交通空间

道路交通空间是儿童上学、放学等活动的必经之地。交通安全是重中之重，道路交通空间的设计原则主要包括：

中小学、幼儿园的服务半径通常在 1000m 以内，因此儿童放学、上学选择的交通方式大多是自行车或步行。通常居住区内部没有自行车专用道，因此自行车通常在车行道上行驶，那么车行道的路幅设计和机动车管控至关重要。步行时使用频率最高的是人行道，出入口、道路交叉口成为儿童安全的重点关注区域。

图 5-3 以沙池为主的复合儿童游戏空间
（图片来源：乐丘）

影响道路安全的主要有机动车车速、交通交叉口。通常采用人车分流避免这两点安全性问题。但是在实际运用中，儿童好动的自发性仍然避免不了潜在的安全问题。因此，车行道路的边界改变地面铺装的颜色和材料选择，形成前方不可通行的暗示，可以从一定程度上提高道路的安全性。可以认为，影响道路交通安全的因素有路幅设计、车辆管控、人车分流和边界的铺装设计。

（2）公共活动空间

公共空间是供居住区所有居民活动的空间，儿童或老人使用频率较高。例如，儿童的主动性活动中的奔跑、休息、滑板等活动可在居住区小广场进行；晒太阳等活动在草坪等软质空间中进行；儿童社会性活动中的聊天、散步等可在居住区的公共场地进行，捉迷藏的活动可在绿林中进行。影响儿童的主动性活动通常有气象、阳光、地震等自然现象，水景、植物配置、土壤、供电等因素。

（3）儿童专属空间

儿童专属空间承载儿童所有主动性活动和社交性活动，是指专为儿童设置的活动空间。儿童专类空间包括各种尺度的儿童场地等，是儿童集中活动的场所，主要承载学龄前儿童、学龄初期儿童的社交性活动。场地内的儿童活动设施，承担儿童的健身、游戏等主动性活动。游乐设施的安全，是影响儿童专属空间的安全重点。游乐设施的材料选择、依据年龄段安装的尺寸、物理安全、与其他设施之间的安全距离，以及后期的维护、管理和定期检查的责任划分，都是影响儿童活动的因素。

5.2.3　居住区儿童友好环境设计原则

本书认为居住区儿童友好环境的设计应从儿童的安全、健康、教育、陪伴四大角度出发，符合儿童天性发展规律，考虑各年龄段、各行为能力的儿童的空间活动需求，为所有儿童提供具有包容性、安全性、多样性、趣味性、创造力和挑战性的场所空间，统筹布局与营造有利于儿童健康成长的空间环境，以促进儿童的情感、体能、社交和智力发展。

（1）安全的社区环境：内部安全体系标准

儿童游戏环境的安全性保障系统，应当包括游戏器械安全标准、游戏环境交通安全、游戏环境材料安全、游戏环境社会环境安全等多方面内容；应从选址评估、场地设计、器械维护、后期管理等全流程对儿童游戏环境的安全进行严格把控以便为儿童提供安全的社区环境。

（2）对儿童健康有助益的社区环境：回归自然的绿色健康成长

自然环境为儿童提供了一个天然、有机、动态发展的环境，让儿童可以在探索的过程中了解自己、锻炼技能以及学会与周围的人相处。社区环境中的自然环境对儿童的健康促进有更加直接的积极效益，同时也可为社区中居住的全龄人群提供亲近自然、放松身心的机会，建议在社区环境中营造更加自然的绿地环境，以提高社区绿地的服务效能。

（3）对儿童教育有助益的社区环境：支持儿童全面发展的环境营造

社区中的绿地和花园作为儿童日常生活中最经常使用的户外环境，应当在为儿童提供游乐机会的同时为亲子互动、家庭教育提供积极且友好的环境。因此，教育型花园是社区环境中可以更多尝试和更广泛推广的一种儿童友好环境。

（4）儿童成长有助益的社区陪伴环境：陪伴成长促进责任

社区环境为儿童提供了良好的社会交往环境，在社区中儿童可以和玩伴、父母、祖父母、邻居以及其他看护人员一同游戏，让儿童在轻松的氛围中通过与其他年龄群体的积极互动得到高质量的陪伴。因此，良好的社区社会交往氛围的营造有益于形成知识和经验在代际之间的传递，更有益于提升儿童的自我认知和认同。

5.3 代际共享型居住区儿童友好环境构建

代际共享型居住区强调社区环境营造应支持儿童的社会化交往行为的健康发展。根据儿童社会化成长的特征，儿童的社会化通常包含两个层次的内容：第一个基本层面的社会化，是指通过交往行为习得基本道德规范、形成基础价值认同；更深一层次的社会化通常是通过在家庭以外的环境中，通过社会交往行为习得与身份相符的得体的行为举止。因此，可以将儿童成长社区对于儿童社会化促进过程理解为：通过对社区友好的社会交往氛围的营造，促进儿童与更多其他年龄群体进行交流，以形成儿童良好的言行准则和道德标准。

5.3.1 建设代际共享型居住区的意义

在社区环境中儿童的社会交往环境通常可以通过细化儿童的交往人群来进行细致分类，其中儿童最经常接触的人群包括：老师、家庭成员（包括堂表兄弟姐妹、叔叔、阿姨、爷爷、奶奶等）、邻居（叔叔、阿姨、爷爷、奶奶）以及其他儿童。关于儿童社会交往环境的研究，通常在两个场景中进行，一是校园环境，这些在校园环境中进行的研究大多关注儿童在学校环境中与老师以及同龄同学的交往行为，多集中于为儿童的不当行为提供正确引导，例如儿童的攻击行为、叛逆行为以及情绪化表达等。除此以外，在邻里社区进行的儿童社会交往行为研究同样也是一个重要部分。例如英国于2017—2020年实践的"儿童社区"项目，为社区社会环境营造如何能够更好地促进儿童的成长与发展提供了具有实践性意义的参考模型。社区工作人员通过了解儿童切身需求，借由社区居民的力量为社区中不同年龄段的儿童提供解决不同成长问题的方式。整个过程由第三

图 5-4　儿童户外游戏场地中的代际陪护行为
（图片来源：乐丘）

方机构进行记录和评估。整体来说，该项目为如何通过当地居民、社工和第三方评估机构营造更加适宜儿童成长的社区人文环境提供了思路。

相较于校园环境，社区环境构成人群更加丰富多样，因此在社区环境中进行的关于儿童陪伴环境的研究对于儿童社会交往行为的促进作用会更加全面。在儿童成长型社区的创建中，将重点关注儿童在社区环境中与家庭成员进行的交流与共同参与的活动行为。同时也关注儿童与其他非家庭成员进行的交往行为。这些行为包括与邻居同龄人进行的互动、与邻居大人进行的交流，以及与邻居无交流的公共空间共享行为等。希望通过以促进儿童的成长为根本目的，在社区环境内为儿童提供丰富多样的社会交往促进环境，让儿童养成良好的言谈举止、形成高品格的身份和群体认同（图 5-4）。

5.3.2　代际共享型居住区的特征

代际共享型居住区应为儿童与儿童的交流、儿童与家人的户外活动、儿童与邻里的社会交往提供一个适宜的环境。同时，儿童成长社区的社交环境由社工、居民和第三方机构共同营造。因此，儿童成长社区陪伴环境的主要包括以下三方面的特征：

（1）邻里儿童共同游戏

儿童与儿童之间年龄、性别、爱好与能力的不同会造成有不同游戏偏好的儿童群体之间产生隔阂。然而，这些不同也会让他们对彼此产生兴趣，从而一起分享、合作与玩耍。因此共享型社区儿童户外游戏环境的营造应当是具有包容性的，为社区内居住的不同年龄和体能的儿童提供一起玩耍的机会，促进不同年龄、性别游戏能力的儿童一起游戏，让儿童在交流、分享、合作和竞争中，锻炼社会交往能力，学习社会交往技巧。

（2）亲子陪护丰富多样

社区作为日常生活中儿童最经常使用的户外环境应为亲子户外活动提供适当的场地。这里所指的亲子关系，既包括父母与儿童，也包括祖父母和儿童以及其他家庭成员与儿童之间的陪伴与看护关系。在社区环境中，家人陪同或看护儿童的户外游戏是十分常见的场景。在这样的陪护过程中，儿童与陪护家庭成员的交流模式可以大致分为三种类型：第一种，儿童与陪护家庭成员频繁交流，几乎只和陪护人员玩耍；第二种，儿童较少与陪护人员交流，儿童进行独立游戏，陪护人员近距离进行看护；第三种，儿童与陪护人员几乎无交流，儿童独立进行游戏，陪护人员远距离看护同时进行自己的活动。调研发现这三种陪护形式在社区环境中都十分常见。因此，儿童成长型社区的创建中，应针对不同的陪伴模式为儿童与陪护人员提供相应的空间。

（3）老幼人群友好互动

社区为儿童与其他亲友、邻居之间的交流提供环境。通过与这些熟识的成年人进行交流，儿童可以拓宽视野、更多地了解到与自己父母不一样的一些理念、习惯等，这对儿童对于世界的理解以及内心对于不同观念包容度的建立有重要意义。同时，和谐的邻里的关系可以提升社区安全程度，让儿童的日常成长环境变得更加安全友好。

5.4 住区儿童游戏场地设计案例

5.4.1 东莞松湖社区花园

项目占地780m²，以时间为主题，串联场地全部节点设计。其中儿童游戏设施以滑梯和攀爬网为主，采用充满未来感的颜色和形态，为儿童提供充满想象的游戏场地；健身步道采用桥的形式，高于地表，吸引社区全年龄阶段的所有居民进入活动场地，在追寻时光痕迹的过程中寻找童年的游戏乐趣（图5-5、图5-6）。

（1）营造场地氛围的主题游戏设施

项目中采用了一款时光塔主题造型的多功能主题设施，包括内部两侧游戏平台，设于一层平台外侧的弯道滑梯及攀爬网，设于二层平台外侧的螺旋滑梯，设于时光塔内部连接两层平台的中心筒状爬网，设于一、二层平台之间的侧方环形楼梯及外部时光造型构件。内部多层平台的设计极大地丰富了儿童的游戏体验，并于游戏路线中串联多种不同体验的互动设施，如筒状爬网、斜面爬网、螺旋楼梯、弯道滑梯、螺旋滑梯等。打破了传统游乐设施爬上爬下的单调设计。另外，

图 5-5 松湖社区花园设计总平面图
（图片来源：乐丘）

图 5-6 松湖社区花园建成效果图
（图片来源：乐丘）

造型方面也突破了传统游乐设施的乏味形态,该产品结合时光塔的设计理念,打造原创产品外观形式,具有极强的主题性和趣味性。在一层平台与二层平台之间设计弧形楼梯,形成游戏中的快速通道,为儿童提供不同通行方式,儿童可选择通过爬网或楼梯到达二层平台。滑梯是游戏平台回到地面的趣味设施,丰富了儿童游戏过程中的感官体验。滑梯侧板的设计很大程度规避了儿童滑行过程中的跌落风险。顶部采用透明 PC 板,增加滑梯筒内部采光性,便于家长了解儿童在滑梯内部的滑行情况。两个滑梯的设计在形式上有所不同,为儿童提供不同难度的挑战,滑行过程中也有着不同的体验,增加了主题设施对儿童的吸引力(图 5-7)。

(2)特殊造型的攀爬网

场地中的无动力设备为攀爬提供相对自由的、全方位延展的网绳,为各个方向进入球体的儿童提供游戏路径。整体分为三层高度网面,中心设计垂直爬网,为中大龄儿童提供另一种对力量和协调能力更有挑战的攀爬方式。局部设计相对平整的网面,为中低龄儿童提供停留休憩空间,可以在网面上休息片刻,也可与下方儿童互动对话。为保证儿童安全攀爬网符合无动力类游乐设施国标,网绳采用直径 16mm 的 6 股钢丝航海绳,网孔 ≤ 130mm×130mm。

图 5-7 永恒的记忆:儿童器械游戏区 1
(图片来源:乐丘)

（3）全龄共享的秋千

区别于常规的秋千设计，环形秋千着重悠闲的体验感，整体白色体现优雅干净的同时，配置大小不同的秋千座椅，可以满足儿童与大人的不同需求，同时为不同年龄群体提供休闲设施（图5-8）。

图5-8　时间的秋千
（图片来源：乐丘）

5.4.2　上海杨浦翔殷三村社区花园更新项目

1. 项目背景

2020年1月下旬新冠疫情暴发，上海各社区也加强封闭管理严阵以待。在疫情期间，我们发现，社区内部公共空间环境是居家隔离民众几乎唯一可适当释放天性、缓解焦虑、接近自然的所在。但由于病毒的传播途径，大家或多或少会对户外人际交往产生一定的心理障碍。由于传统老旧小区社区内部公共空间相对较小，这样的担忧则更为明显。

大部分情况下，老旧小区不是户外公共空间缺失，就是呈现出公共空间集中式布局的情况。集中式布局所包含的单一空间叙事结构，往往容易引导公共空间的单一使用模式，引起聚集、引发集中较大规模的活动。这不仅可能影响安静的居住环境，同时在实际使用中容易混淆人际交往的亲密距离、个人距离、社交距离和公共距离，在一定程度上亦不利于传染性疾病的防控。尤其是在疫情暴发以来，医疗卫生专家提出在有防护的情况下，人际交往最小距离应不小于1m，1.5m以上更佳。无独有偶，扬·盖尔（Jan Gehl）在《交往与空间》中援引爱德华·T. 霍尔（Edward

T. Hall）的研究成果时，就提到了小于 1.3m 为"个人距离"、小于 0.45m 则为"亲密距离"，并用以区别"社交距离"与"公共距离"。

2. 设计原则

翔殷三村社区花园是一个典型的存量更新的社区花园设计，设计中研究团队提出了减少"被动式接触"、营造"主动式交流"空间的原则，在通过评审的设计中尽可能多地提供较宽敞的带靠背的单人休憩座位，并以少干扰可交流的方式进行空间聚合组织，用以确保 1m 以上的人际心理与生理安全距离，同时以半径 2～3m 组织休憩单元聚落，创造安静、有效的中小规模社交环境，为尤其是陪伴儿童进行户外活动的家庭提供了适宜的户外活动环境（图 5-9）。

同时，在社区花园的景观构筑物设计中，力求将传统社区中的小尺度集中式停留空间进行符合居民使用与社区营造的需求升级和转向。将适合停留的"亭"与引导空间连续动态使用的"廊"结合在一起，以"廊亭"的形式呈现出来。一方面在满足居民遮阳避雨需求的前提下可以降低静态聚集的概率，另一方面亦可以廊亭为空间载体组织开展社区共享的文化活动。同时，为了尽可能地弱化金属构筑物在普通透视视角（1楼居民视线）中的存在感，进行了反复的结构与荷载计算，将所有结构构件的尺寸控制为确保使用安全的下限。为在鸟瞰视角（2～6楼居民视线）中，让"廊亭"更好地融入整体社区绿化环境，通过荷载计算与顶板节点设计，在确保排水良好的情况下，设计采用低维护易成活的佛甲草进行屋面绿化种植，在为居民提供遮蔽的同时也提高了居住区中的绿化面积和植物丰富程度（图 5-10～图 5-13）。

图 5-9　翔殷三村社区改造前后对比图
（图片来源：维亚景观，华东建筑设计研究院）

图 5-10　翔殷三村社区建成效果鸟瞰图　　图 5-11　翔殷三村社区建成效果图

图 5-12　廊亭的建成效果图 1
（图片来源：维亚景观，华东建筑设计研究院）

第五章 住区环境中的儿童友好开放空间

图 5-13 廊亭的建成效果图 2
（图片来源：维亚景观，华东建筑设计研究院）

第六章　自然环境与儿童友好开放空间

我国的高密度城市普遍存在城市绿地空间不足的问题，城市绿地空间问题不仅给城市儿童的生活带来了挑战，也对他们的健康和发展产生了重要影响。当前的城市化进程导致了城市面积的扩张，但城市规划中儿童友好的自然环境却常常被忽视。城市儿童往往面临着高楼大厦、混凝土丛林，以及有限的户外空间，这些因素制约了他们在自然环境中的交流和游戏。

然而，研究表明亲近自然环境对儿童的身心健康至关重要。自然不仅提供了丰富多彩的学习和游戏机会，还有助于减轻儿童的压力、促进他们的认知发展和社交能力。因此，为城市儿童创造更多接触自然、在自然中游戏的机会成为城市规划和儿童友好型城市创建中的紧迫任务。

在本章中，我们将详细探讨各种自然环境中的儿童游戏场地，其中包括森林学校、自然教育花园、户外营地、自然游戏场地等。这些场所的特点和功能将被深入剖析，以便城市规划者和决策者更好地理解如何将它们引入城市设计中。通过在城市中引入这些自然游戏场地，我们不仅为城市儿童提供了更多机会与自然互动，还能够推动城市的可持续发展和儿童友好型城市的创建。这将有助于培养更健康、更积极、更有创造力的下一代城市居民。

6.1　自然环境中的儿童游戏

这部分将首先对"儿童的亲自然性""自然缺失症""自由游戏""户外学习""景观教育""自然教育"等相关概念进行介绍说明，在明确了与自然环境相关的儿童友好理念的基础上，对其适宜环境设计方法进行更深入的探讨。

6.1.1　儿童的亲自然性

儿童天生对探索、邂逅、成长和参与世界有着强烈的好奇心，有与生俱来和自然世界联系的倾向，被称为"Biophilic"（中文语境译为"亲自然性"或"亲生命性"），1984年哈佛大学进化生物学家和思想家爱德华·威尔森（Edward O. Wilson）在其著作《亲自然性》（*Biophilia*）中进一步诠释了这一概念，他指出"人类与生俱来对其他生命形式有情感的亲和力和亲近自然世界的本能，如热爱大自然、亲近动物、热爱生命等"，并提出"亲自然性假说"（Biophilia Hypothesis），认为人类与自然之间存在一种天然的生物学联系，人类长时期生活于自然环境中，其机体能够较好地适应自然环境，并指出儿童越多参与自然环境中，他们越能与自己的进化本源建立联系，从而变得更健康和安乐。研究证实成年后对自然世界的同理心以及积极的环境行为，都是在幼年时期儿童经常接触和在自然界中玩耍中培养起来的，尤其为11岁以下的儿童提供在野外自然环境中探索的机会，对发展他们的"亲自然性"(Biophilic)和积极的自然价值观特别重要（图6-1～图6-5）。

自然是儿童的天然栖息地，儿童与自然环境之间存在着偏好性的"秘密心理"空间依赖关系，儿童偏爱的自然元素包括：水、植被、动物、土壤材料（如沙和泥土）；偏爱的空间是能够提供隐匿和窥探的藏身空间；偏爱的设施是场地内那些零零碎碎、灵活可变性强的开放性材料，也被称为"松散材料"（Loose Parts），如棍棒、石头、圆木、织物、板条箱、绳索等，儿童可以用这些材料来搭建和创造。在季节变化之间，儿童以独特的方式体验自然环境中的一草一物，通过视觉、嗅觉、触觉等感知植物、昆虫、水、沙子和泥土等，创造属于自己可以控制的"领地"，培养自身对场所的空间体验。研究表明，每天在户外自然环境中，参与自我主导的亲自然性(Biophilic)的自由游戏（Free play）对儿童的幸福感、健康水平、适应力、认知功能和运动能力有积极的作用。

与此同时，亲自然性儿童游戏场（Biophilic Playgarden）旨在鼓励儿童在非结构化的游戏中与大自然互动，与大自然建立联系，突出了儿童"自由玩耍""户外学习"和"自然教育"的内涵。亲自然场地虽然由设计师主导，但最显著的不同是场地以儿童为中心的开放空间，没有大型

图6-1 盐城丹顶鹤世界自然遗产地儿童自然探索
（图片来源：自然种子）

图 6-2 上海迪士尼心愿湖公园户外自然探索
（图片来源：自然种子）

图 6-3 上海迪士尼心愿湖公园户外自然探索：夜探课程和季节性课程

图 6-4 上海创智农园欢乐游戏场

图 6-5　上海创智农园欢乐游戏场，在专业游戏导师指导下，儿童根据不同季节和主题活动进行搭建和冒险游戏体验

金属钢制或塑料制品游乐场设备，依托本土自然元素进行设计，突出儿童的空间尺度和感官特征，呈现儿童的亲自然性需求，给予儿童自由创造自主学习的机会，是一种更贴近生态需求的设计方式，其主要场所特点为：因地制宜使用自然元素，如沙子、水、原木、岩石；满足儿童攀爬需求，打造不同高度和水平的地面；给儿童机会去自由的探索发现；没有固定的游戏方式；设置有便于隐匿躲藏的灌木或小障碍物；设置有穿行的桥梁或走道；设置有可以爬行的隧道；设置有可以互动的水体；为儿童提供儿童攀爬和摆动的机会；给予儿童自由奔跑的空间；设置儿童可以自主移动创造的"松散部件"；不对儿童设置保持事物整洁的要求；没有游玩的时间限制。

6.1.2　自然缺失症

快速城市化背景下，我国大城市中儿童可实际利用的户外游戏空间设施和服务供给水平不足，导致儿童与自然世界互动的频率降低，城市中的儿童逐渐患上了"自然缺失症"（Nature-Deficit Disorder，NDD）。这是美国作家理查德·卢夫（Richard Louv）在其畅销书《林间最后的小孩》中提出的一个概念，这虽然不是一种需要医生诊断或需要服药治疗的病症，却是当今社会的一种危险现象，会带来一系列感官功能发展削弱、注意力困难、肥胖、抑郁等影响儿童身心健康的病态状况。根据《城市中的孩子与自然亲密度调研报告》中的数据显示，中国 45.21% 的孩子有"自然缺失症"趋势，且比例还在逐年上升。全国有 68.12% 儿童每天户外活动时间不足 1 小时，此外有 11.27% 的儿童每天户外活动时间几乎为 0，18.61% 的孩子每天花在看电视、上网、电子游戏产品上的时间超过 1 小时（红树林基金会，2016）。2021 年 3 月 1 日中科院心理研究所最新发布的 2020 版《心理健康蓝皮书》进一步显示，我国青少年的抑郁症检出率为 24.6%，其中轻度抑郁症检出率为 17.2%、重度抑郁为 7.4%。环境恢复性理论(Restorative Environment)认为，自然环境具有疗愈功能，当儿童置身于无威胁性的自然环境元素、绿色植物元素以及特定的自然景观这三种元素中，对儿童具有注意力修复和缓解压力的作用，被称为注意力恢复理论（Attention Restoration Theory，ART）和压力缓解理论（Stress Reduction Theory，SRT）。因此，为了减轻当代城市儿童的 "自然缺失症" 趋势，促进儿童心理认知的恢复性，儿童友好环境必须根据儿童身心成长的健康促进需求，为他们提供了解、接触自然世界的机会，营造基于儿童"亲自然性"发展需求的场所环境。

6.1.3 自由游戏

儿童天生对自由探索、参与世界有着强烈的好奇心，他们需要"游戏的童年"，然而现代社会中，家长更倾向给儿童安排结构化的游戏活动，如按照指示搭建、拼图、棋牌桌游等；竞技比赛的足球、篮球等，这种有着严格规则和固定流程的结构化游戏（structured play）被赋予了更多的目的性和功利性；然而，"自由游戏"是指由儿童发起、主导、制定规则、自由探索并不断创新的游戏过程，并充分给予儿童进行社交和处理问题的机会，如追逐打闹、攀爬跳跃、过家家、假装游戏，等等，是一种 "非结构化游戏"（unstructured play）。儿童从一出生就在进行非结构化游戏，无论是建造东西、破坏东西、弄脏东西还是承担有计划的风险，在这个过程中，儿童以解决某种形式的社交问题，学习包括领导、协作和执行能力、安全技能、语言能力、社交能力等社会技能。研究表明，每天暴露在户外自然环境中，参与自我主导的非结构化游戏对儿童的幸福感、健康水平、适应力、认知功能和运动能力有积极的影响，因此，非结构化游戏是健康发展不可或缺的一部分。

6.1.4 户外学习

根据英国户外学习机构(Institute of Outdoor Learning)、澳大利亚户外教育基金会（Outdoor Education Foundation）、美国户外教育委员会（Council on Outdoor Education）、日本《关于充实青少年户外学习》报告等，将户外学习定义为：户外学习是指走出教室和课本，以户外环境本身为教材，有目的、有计划地学习体验，它包括在自然环境中走读、观察、操作、实验、发现、互动、反思并与自然建立联系，以及从事户外运动和冒险活动。

户外环境中的材料设施或空间的开放性、灵活性以及互动性越高，为儿童提供游戏和创造性实验的机会也就越多，儿童所发挥的能动性和面临的挑战也越多。户外学习包括环境教育、保育教育、户外休闲、户外追寻、冒险教育、体验教育、露营教育、环境解说、户外游戏、户外运动、户外教室等。户外学习没有明确的界线，但有共同的特点。首先，户外学习可以提供更加直接的

图 6-6　湖州西塞山风景区廿舍自然种子营之"小小稻研学"自然探索
（图片来源：自然种子）

体验，这与室内教室形成鲜明的对比，户外将直接体验与自然环境和建筑环境相结合，可提高学生的参与度，并加深其对一系列学科的理解。而且在户外学习中，参与者通过他们遇到的、发现的和所做的来学习，学习积极性更高，容易培养学生探究、实验、反馈、合作等学习技能。户外学习还通过提供真实情境，让参与者可以看到、听到、摸到、闻到和尝到自然环境中的真实事物，让所有行动均能得到真实的结果和反馈。潜能拓展。户外学习所能引起的体验和好奇是无限的，参加者经常发现令自己和他人吃惊的潜力、能力和兴趣。不仅如此，户外学习还提供了更多融合跨界的机会，跨越了传统学科的界限，可以基于项目或问题融合多学科进行学习，提供了更广泛的视野和更综合的实践（图 6-6）。

6.1.5　景观教育

当代景观教育功能的复兴和变革的推力主要来源于创新的教育理念，如自然教育理念、服务学习理念、实践教育理念、环境教育理念、健康教育理念、探索式教育理念、森林教育理念、认知教育理念，等等。新的教育模式引发了对景观场地需求的探讨，针对特定类型的景观空间载体的研究开始分化，张毅川根据教育内容的不同提出不同的景观类型：美学教育型、自然—生态教育型、环保教育型、道德提升教育型、科技教育型、创新教育型，其中创新教育型景观包括参与式的游憩场所、主动式游憩场所、研究式游憩场所和儿童游憩场所。结合教育内容和景观空间载体可以分为三个层次：

第一层次的传统教育型景观更多发生在自然保护区、国家森林公园等风景游憩绿地中，其教育方式以解说和标识系统、讲解人员培训、自然教育中心等建筑设施为关键，强调利用丰富的自然资源环境进行学习，被教育者的行为以游憩为主、学习为辅。

第二层次的城市公园、专类园的教育功能发展介于传统教育型和创新教育型景观之间，整体上，城市公园的教育功能实现途径同样以完善的解说系统、解说人才培养、自然教育中心等教室建设、科普活动的开展为核心，也包括在公园、专类园中建设专类儿童园，让儿童去游戏、学习和探索，这些儿童园通常同时具有创新教育型景观的特征和传统儿童游戏场地的特征，但相比花园，仍然更加重视体育、游戏设施。

第三层次的教育型景观以教育型花园为代表，强调为学习活动而设计丰富的自然教材，其教育方式强调被教育者在与环境的互动过程中主动学习，是本书研究的重点。近年来，人们对使用频率更高的花园（含都市农园）环境中的教育机会的兴趣日益增长，开始基于社区花园、学校花园等空间探索教育型景观的创新模式。

6.1.6 自然教育

"自然教育"的概念一直有着广泛含义，在2019年发布的《自然教育行业自律公约（定稿）》中，"自然教育"被界定为"在自然中实践的、倡导人与自然和谐关系的教育"。2020年，北京大自然教育科技研究院将自然教育定义为"以自然环境为客体，以人类为主体，利用科学有效的方法手段，使儿童融入大自然，实现对大自然信息的有效采集整理，形成社会生活有效逻辑思维的教育过程"。此外，一些学者也认为，自然教育的概念可以理解为儿童在大自然中，通过自主学习增进知识、技能、身体健康，形成人与自然和谐共处、尊重自然、顺应自然、热爱自然和保护自然的理念。

以上的各种"自然教育"定义，都是从"自然"本身的含义入手，试图从具有多义性和复杂性的历史观念中，理解"自然教育"。但是在不同的语境下，"自然"本身也会呈现出不同的侧面，具有不同的侧重点。如哲学意义上纯粹的自然，即康德所言的"不是作为一种性状，而是作为一切事物的总和，这是就它们能够是感官的对象、也是经验的对象而言的。所以自然被理解为一切显像的整体，亦即除一切非感性的客体之外的感官世界"，而被广泛接受的"自然"概念及自然环境，即通常语境下的大自然、自然界，是与人类的意识及人工创造物、衍生物相区别的物质世界，包括自然界除人之外的现象、事物和过程。因此，自然的概念涵盖了自然现象、物质世界、自然事物及其自然特征，以及整个自然过程等。

（1）儿童及青少年自然教育的界定

青少年户外营地中所涉及的"自然教育"，并非"自然"涵盖的全部内容，更多的是青少年能切实接触、触碰、感知和体验的"自然"，通过与青少年的联系，构成一定的互动关系，形成"自然教育"的根据和基础。本书中"自然教育"中的"自然"包括的内容较为广泛，既包括不需借助专用仪器仅通过感官就能感受到的自然要素、自然环境和自然现象，如森林和树木、河流以及各种植物、动物和它们的生活痕迹，风、阳光、云彩、雨露、潮汐和季节变化带来的景观变化等；也包括从人与自然环境相伴相生，经历了漫长的历史发展进程中逐渐区分的原生自然（第一自然）

与人化自然（第二自然）、人工自然和虚拟自然。因此，基本涵盖了完全没有人工干预的纯粹的自然环境，也包括人类有限介入、改造开发、聚居形成的村野田园、农场部落，以及人类施法自然，以人工的手段建造构建的公园绿地、街道风光、建筑风貌等，还包括运用现代科技手段通过抽象自然、模仿自然、描绘自然而形成的数字视频、风景照片等虚拟自然。

（2）自然教育的特征

本书认为"身在自然中、借助自然、认知了解自然"的教育过程是"自然教育"的核心，自然教育的本质是对自然抱有敬畏之心，与自然相伴相生，从自然中获益成长必需的养分，是一种具有情境性、行动性、反思性、感悟性、主体性等特点的教育模式，可以具体表现在以下3个方面。第一，自然教育是真实体验的教育，通过亲身体验，以身体直接感受真实的自然环境，并从中获得启发，因此，所有的户外教育活动都可以被认为是体验式教育。第二，自然教育是理解自然的教育，倡导以感受自然、认知自然、了解自然、探索自然、发现自然为教育目的，在此过程中建立人与自然的和谐关系。最后，自然教育是运用自然的教育，户外教学材料为自然中真实存在的现象、事物及客观发展规律，教学内容也与此高度关联，并形成闭环。因此，在自然环境中有组织、有目的、有策略、有计划地开展科教活动，强调较少的人工干预、有限的人工介入，通过为青少年提供舒适、惬意、平和、稳定的学习环境，使其沉浸其中收获更全面的身心发展、更高效的技能提升、更扎实知识储备、更完善的品行塑造和更直接的经验传递，是值得倡导的自然教育模式。

6.2 森林学校

6.2.1 森林学校的历史起源及发展

森林学校可以追溯到北欧的"斯堪的纳维亚"半岛的生活方式，丹麦语称为"friluftsliv"，是一种露天生活的文化价值观念。目标是培养儿童的自信、自尊、韧性等内在驱动力和情感能力，以促进儿童身心的全方面发展。20世纪50年代，丹麦成立了第一所森林幼儿园，此后在全球范围内迅速传播和发展，尤其是在德国，德国第一所森林自然幼儿园于1968年在威斯巴登成立，截至2020年10月，德国有着近2000所森林幼儿园。1993年，英国布里奇沃特学院（Bridgewater College）的教师萨默塞特（Somerset）将该模式引入英国，通过课程标准体系的构建，得到迅速发展并走向专业体系化道路，目前挪威、瑞士、奥地利、爱尔兰、美国、加拿大，亚洲的新加坡、日本、韩国等在均有以幼儿为中心的森林学校，全日本有近4000所森林学校（截至2015年），中国台湾、香港也深受日本森林学校影响，建立了一批较为有影响力的森林学校。美国自2013年建立大自然开创联盟（The Natural Start Alliance）之后，这种"没有天花板和围墙的"幼儿园得到迅速发展。

6.2.2　森林学校核心理念：让教育自然发生

大自然是一个能提供无尽乐趣的游戏场地，是一张"空白"的游戏画布，近年来流行的森林学校（forest school）就是一种以游戏为基础，3—7岁儿童为中心，在林地或大自然的环境中进行自然探索认知的教育过程，是大自然中的自由游戏场。森林学校主张"让教育自然发生"，自然游戏教学法是森林教育的主要工具，这种教学方式除了能让孩子学到在室内课堂能学到的生物、工程、艺术等结构化知识，同时鼓励儿童在自然环境里进行冒险游戏（Risk Play），将儿童放到可控的、有一定危险的环境中，儿童会建立起自己的"危险管理能力"，知道如何去评估事物的风险。更重要的是，当儿童长期身处多变的自然中，他们的耐挫力与直面困难的勇气都将得到淬炼。

儿童们会在专业森林导师带领下，做木工、搭木屋，可以根据自己的兴趣在森林里探索，采用原始的方式生火做饭、玩泥巴，也会讲故事，做游戏，儿童可以和动物玩耍，可以研究树木年轮，还会根据季节种上不同的农作物，等到合适的时候来采摘，儿童们会通过和自然的近距离接触知道天为什么是蓝的、树是怎么长的、下雨天蜗牛是如何出来的，感受泥土的触感，闻到雨后草地的香气，看见山间树木新长的蘑菇……自然环境中的"松散材料"体现着儿童的"亲自然"性，最大限度实现环境的"可供性"，帮助儿童实现了自我主导的游戏权利，赋予儿童想象力和创造力，促进了儿童的社交和情感能力（图6-7）。

6.2.3　英国的森林学校

21世纪初，英国政府部门发起了"到绿地中去""从公园开始""积极的森林运动"等活动，涌现了如"乡村青年""自然英格兰""森林社区"等民间团体，在各种官方以及非官方组织的推广下，英国成立森林学校协会（Forest School Association），提供专业的培训和评估认证，目前总共对超过1.2万名教师和其他专业人员进行了森林教育培训，培训主要分为三个等级：森林导师一级培训面向志愿者；森林导师二级培训面向助理教师；森林导师三级培训面向领导人。从2000年起，英国林业委员会通过森林教育倡议(Forest Education Initiative，FEI)为英国森林学校从业者提供了主要的国家网络支持，进一步保障其就业机会。

从课程设置看，英国森林学校课程必须遵循英国早期教育制度（British early education system），该制度体系被认为是世界上最权威的学前教育标准之一，并在2008年9月起被正式纳入英格兰《儿童保育法案》(Childcare Act, 2006)，用于评估英国所有幼儿园以及0—5岁婴幼儿早期保育教育机构的国家级课程标准，包括课程标准、管理标准和评价标准，通过117个评价标准对基础领域（交流与语言发展、身体发展、个人、社会性与情绪发展）和特定领域（读写发展、数学、理解世界、表达性艺术与设计）进行衡量，以保障森林学校的教育水平（图6-8）。

森林学校协会（FSA）鼓励个人及私营机构参与建设森林学校，并且给出具体实施步骤，从

图 6-7 湖州西塞山风景区"自然种子"户外研学的森林课堂
(图片来源：自然种子)

图 6-8 英国森林学校上课日常

资金组织、运营管理、保险等方面给出了具体的建议。每一个获得认证的森林学校，将授予森林学校质量认证（FS Quality Marks），FSA 将定期对学校和森林导师进行评估和考核，并提出了发展森林学校六大核心准则，包括：在课程方面，森林学校强调长期的学习过程，所有课程都是定期开展，每节课都要基于计划、观察、改编、复习这几个步骤循环进行；在环境方面，森林学校需要最大限度地利用林地或自然环境进行，促进学习者与自然世界之间的紧密关系的发展；在教育方面，森林学校在教育过程中始终要以学习者为中心，为儿童创造一个有益于成长、发展和学习的环境；在理念方面，森林学校旨在促进儿童的全面发展，培养学习者的韧性、自信、独立能力和创新精神；此外，森林学校建议根据环境和学习者自身情况，在为儿童提供在风险可控以及自我掌控的情况下倡导提供冒险游戏、承担风险的机会；而且森林学校由获得从业资格认证的森林导师和专业化管理团队运营，这些导师需要不断维持进而发展专业实践能力。

除了森林学校导师的职业化培训认证，在英国还有游戏工作者（play worker）这一职业，同样有着成熟的培训和认证机制，其重点和本质是支持和促进儿童游戏，给予儿童和年轻人创造自己的游戏空间和自由玩耍的机会。从业人员需要具有专业的游戏理论、道德准则和实践基础，通过计划和组织游戏活动和空间，帮助儿童在社交和情感上发展，甚至进行游戏心理治疗。在英国有完善的游戏工作者工会和全国合格从业人员登记册，提供详细入职要求、技能培训和职业发展前景。专业化的游戏工作者和森林导师认证机制，二者联合促进和保障了英国儿童在课余和课上的自由玩耍权利。

6.2.4 德国的森林教育

德国主要基于国家公园打造适用于全龄段的自然环境教育体系，德国森林覆盖率达30%以上，德国人认为自己是从森林里走出来的民族，因此在很多德国家长眼中，教育孩子热爱森林，就是培养孩子热爱自然、敬畏自然的精神。20世纪90年代以来，德国在官方层面承认了自然与森林幼儿园（Natur–und Walkkindergarten）的地位，建设了近2000所森林幼儿园，并发展了很多种形式，比如：森林幼儿园、自然幼儿园、海滩幼儿园、远足幼儿园、农场幼儿园、常规幼儿园森林班、常规幼儿园森林日和森林周，等等。

以德国国家公园为例，其开创了0—26岁全年龄段的森林教育体系。巴伐利亚森林国家公园(Nationalpark Bayerischer Wald)作为德国第一个国家公园，在自然教育方面尤为突出，仅森林幼儿园的数量超过140所，被联合国教科文组织授予了环境教育质量体系认证，并作为联合国可持续发展教育未来十年中的重要组成部分和衡量标准，通过诸如"国家公园学校"计划、"少年游侠"计划以及"自愿生态年"计划等，围绕德国国家公园打造了一所"没有围墙的教室"。

（1）"国家公园学校"计划

巴伐利亚森林国家公园一直为附近的学校提供合作项目，2011年成立"国家公园学校"项目，跨度10所以上幼儿、小学及高中校区。根据不同年龄层次开展生物、地理、自然仿生、文化艺术、设计创意等内容的学习，此外，国家公园管理局专门为国家公园学校的教师提供培训，拓展学校课程设置。通过"国家公园学校"计划，每年约有1500名儿童青少年参加森林教育课程。教学方式以儿童自由游戏（Freispielzeit）与项目活动（Projektarbeit）为主，教师在过程中只作为引导者和观察者，不对儿童的行为进行过多干预。自然环境中的自由游戏一般包括：角色扮演、运动探索、冒险游戏等，并通过发布《巴伐利亚州幼儿环境教育与培养指南》为全州的幼儿教育机构及教师提供经验与指导。

（2）"少年游侠"计划

针对区域内11—18岁的青少年儿童，巴伐利亚森林国家公园开展了"少年游侠"计划（Junior Ranger Programme），由欧洲国家公园联盟（EUROPARC Federation）组织统一认证，通过商业开放式运营招募青少年进行初级护林员和志愿者的角色扮演，并由国家公园专业人士开展5~7天的野外拓展和冒险体验，其目标是通过环境教育和自然体验，向儿童和青少年传输国家公园的创意和生态价值，由于该计划持续时间较短，其模式更接近于我国民间组织的营地体验自然教育。

（3）"自愿生态年"计划

针对16—26岁的年轻人，巴伐利亚森林国家公园开展了"自愿生态年"（FÖJ）计划，至2015年有超过200个工作试点。年轻人通过自愿申请，在国家公园的环境教育机构中进行为期一年的自然与环境保护相关的工作学习，涉及自然保护、物种保护、景观保护、环境教育、生态农业等方面。这项计划是联合国教科文组织可持续发展教育（ESD）的重要组成部分，既可以为自然和生物多样性做贡献，也加强了社区和生态保护区的融合。

6.2.5 案例：英国谢菲尔德的米德尔伍德森林学校

以英国谢菲尔德的米德尔伍德（Kenwood Nature Nursery）森林学校为例，该学校获得英国颁发的森林学校最高领导中心奖，位于英国米德尔伍德公园旁的原始生态森林中，课程一般由上午8点持续到下午6点。无论刮风下雨，儿童都会在森林里体验与学习，老师只负责看护和引导，通过让儿童与大自然的充分接触，激发他们学习的内在动机和积极态度。对于年幼的学生，森林学校旨在激发好奇心，发展孩子们的五感，适应大自然，让孩子们正确认识空间，并培养运动能力。而对于年长一些的学生，森林学校则更侧重于进一步发展社交、创新，以及个人持续发展方面的能力，教学过程中，自然游戏教学法将作为核心内容。森林导师通过观察、引导，带领孩子们进行主题活动，并鼓励他们进行户外的游戏"冒险"。

图6-9 英国米德尔伍德森林学校的课堂

英国谢菲尔德米德尔伍德森林学校的一天通常以课程开始为标志。但是在课程开始前，森林导师会事先检查和确定场地，森林学校的场地需要原生态的自然环境，不需要太多的人工痕迹，会有一个核心的场地作为主要教学集聚点，并在保证场地的安全性前提下，扩大儿童的户外活动范围，通过标记确定自由活动的界限范围。在课程开始后森林导师带领学生聚集在场地，举行晨会，明确当天课程的探索任务以及注意事项，并邀请儿童表达自己的想法，以随时调整课程方向和目标。在课程中自然游戏教学法作为核心内容，森林导师通过观察、引导，带领儿童进行主题活动，并鼓励儿童进行"冒险"。日常活动包括动物群和植物群的识别、巢穴和庇护所的建造、生火、社交合作游戏等。儿童根据自己的兴趣在森林里探索，采用原始的方式生火做饭、玩泥巴，也会讲故事、做游戏，可以和动物玩耍，研究树木年轮，等等。在一天的课程结束后，导师会邀请儿童表达课程的体验，并记录儿童的活动状况以便后续调整，整个过程中导师会充分尊重儿童的意愿，释放儿童的天性（图6-9）。

6.3 自然教育花园

6.3.1 自然教育花园的发展

花园空间因为低成本、小规模、高频次成为自然教育革新的试验场，且突破了用地性质的限定，以其空间特征作为催化剂，可以实现更广泛的社会效益，目前已拓展为街区、住区、校区、园区等类型。波士顿学校园计划（Boston Schoolyard Initiative，BSI）在《户外教室设计导则》中提出，教育型花园是一种基础的教育资源，是一个探索发现的互动场所，让学生可以参与不同学科的学习，为教学提供一个生动的实验室。加州学校花园网络（Collective School Garden Network，CSGN）在《教育型花园导则》中提出，教育型花园是一种创新的教学工具和策略，它让教育者将动手实践融入跨学科的基础课程中，为学生提供了一个动态的观察、发现、实验、培养和学习的实验室，在这样的学习环境中，学生可以从真实情境而不是教科书中吸取经验教训，成为学习过程中的积极参与者。可知，教育型花园是指把花园环境本身作为教育的工具和学习的教材，通过促进使用者与环境发生互动来学习的空间环境。教育型花园的特征要素是空间中能够激发儿童主动学习的所有固定要素和非固定要素的集合，它的表现形式可以丰富多样，包括植物的设计、装置的设计、交通空间的设计等。近年来，人们对使用频率更高的花园（含都市农园）环境中的教育机会的兴趣日益增长，开始基于社区花园、学校花园等空间探索教育型景观的创新模式。

目前我国的教育型花园建设趋势呈现"郊区—公园—社区/校区"的推动路径。2014年部分综合公园和专类公园开辟了独立的场地作为教育型花园，随后，大量的实践都是发生在居住用地附属绿地和公共设施附属绿地（学校）中。早期的实践中景观要素的构成相对单薄，如最早成立自然触碰角的顾村中心小学并没有在学校划出独立的教育型花园场地，只有一个用来收集标本的窗台作为空间载体，大量的户外学习活动仍然依赖普通的校园绿化。随着大家对教育型花园的认识更加成熟和更多的实践经验，许多学校和社区规划了独立的教育型花园场地，场地中的特征要素越来越丰富，如工具房、树屋、雨水收集装置、菜园、湿地、动物岛，等等。教育型花园的热潮正处于快速起步阶段，部分实践已探索出一定的场地雏形，目前仍有许多教育型花园正在建设或筹备建设中，场地的设计也在不断创新，需要更多的研究提供相应的指导。

6.3.2　儿童教育型花园的关键空间设计策略

为了提高景观环境和户外学习的质量，我们应该在儿童花园中创建不同的功能空间来鼓励教育多样性，避免场地特征的重复设计和均质化，这样的功能空间即为教育型花园的关键空间。设计良好的特征要素可以显著增加场地提供的教育机会，不同特征要素之间的组合可以营造不同的关键空间，从而满足儿童发展和行为活动的多样需求。因此，有必要基于"环境行为—特征要素—关键空间"的联动路径梳理、研究和补充教育型花园的设计导则，从而更好地为决策者、设计师、儿童教育者等相关利益者提出建议，并为校区、住区、街区、园区等教育型花园的设计、改造和相关导则制定提供参考。

（1）流动型学习空间

孩子们天生就有探索的欲望，他们喜欢寻找不同的路去到各种各样新的地方。交通空间由于儿童特有的行为方式不仅是空间串联的纽带，更是儿童寓教于乐的场所。有效的流动空间设计和布局能更好地激发花园中的教育活动，流动型空间的设计目标有三个方面：第一，分隔其他学习空间，并将人行交通和种植区分开，这样可以保护植被。第二，作为各个功能部分的纽带，流动型空间能有效地把场地功能组织串联起来，清晰地引导使用者进入所有区域和在各种教育性元素之间移动，使户外学习环境多样化。第三，本身也可以设计为一种教育场地提供教育机会，而不仅仅是交通功能性空间，良好的空间流动是创造力的催化剂，能激发自主学习行为。

流动型学习空间的设计建议遵循以下原则：为儿童提供多样的路径选择，以增强学习和探索的多样性；规划通向、穿过或相邻其他学习空间和要素的路径；一般来说路径要设计成环路，允许连续流动，尽量避免死角空间；路径尽量不要笔直，通过弧线设计增加趣味性；此外，路径应要考虑对所有使用人群的可达性；路径的宽度应考虑单人和双人通行两种尺度；同时，因地制宜地考虑流动空间的最大坡度限制，并且建议设置停留空间，允许儿童进行休息、观察、阅读等活动。

（2）园艺型学习空间

由于现代农业的工业化生产和城市绿化快速普及造成的单一植物配置，儿童在城市中心区接触蔬菜、果树、野花的机会越来越少，渐渐与自然野趣、季节、食物生产过程等缺失联系。园艺型学习空间让儿童在亲近自然、欣赏园艺、照料环境、收获分享的过程中激发对自然的喜爱和认同，建立与自然的亲密关系。儿童不仅能在这里学习种植和照料蔬果，还可以进行营养、数学、识字、科学等领域的跨学科学习。同时，蔬菜、果树、野花等还能为小鸟、蝴蝶、蜜蜂等昆虫提供良好的栖息地。

园艺型学习空间建议满足以下设计原则：选址应靠近水源，远离低洼地，保证全日光照条件；建造材料要保证对可食花园无害，松散土壤应混合有机肥料；要根据学校或社区等对场地的运营维护能力来规划种植床的数量和规模；种植区域的周围要保留足够的空间鼓励儿童沉浸到自然空间中，设置一些分散的座位允许儿童坐下来观察，还应把相关工具放在附近，有利于园艺相关的服务式学习；选择植物时要考虑对儿童的感官吸引力和能提供的教育机会，多使用蔬菜、花卉、果树，并且尽量使用乡土品种。

（3）生态型学习空间

生态型空间是最自由的学习空间，这个空间没有设计干预，只是尽量地展现自然的生态系统，鼓励儿童自由地嬉戏和学习。在《户外教室：学校花园手册》一书中，空间根据离教室的远近被划分为五个区，第五区就是以森林为主的自由区。无论其大小，生态型学习空间都是自然界最富饶的户外学习场之一，可以营造氛围，界定空间，创造阴凉和增加运动等，并且以不同的颜色、气味和质地以及季节差异丰富了空间，同时也是废弃物、能源和水循环过程的真实展示，能够激发创造性思维，引起观察和激发探究。此外，生态型空间还提供树枝、树叶和种子，这些树枝、树叶和种子可以为游戏和学习提供丰富的天然材料。这种栖息地也适合昆虫生活，为儿童提供更多的教育机会。由于生态型学习空间是教育型花园中自由度最高的一个空间，安全防范设计不可忽视。

生态型学习空间建议满足以下设计原则：应基于林地或湿地生境或两者的结合；空间的大小并不是一个重要的问题，即使是一小片生态型空间也可以变成一个有效的户外学习场地；为营造自然和生态氛围，树木不应直线分布，树木的间距也不应均匀设置；选择植物时，一定要包括常绿植物、灌木、地被植物、湿生植物等不同层次的植被；在地形设计上，要设计厚覆盖层，因地制宜提供微地形变化；并且无须过度设计，建造使用的材料也尽可能为自然材料；在路径设计上，布置交错的小径以鼓励儿童深入探索每一处场地。

（4）实验型学习空间

儿童似乎天生就喜欢自主操纵和改变他们周围的环境和物品，实验型学习空间就提供了这样一个空间。这样的空间具有灵活性、非结构化性、创造性等特点，就像一个实验室，充满了各种可以利用的材料和工具，以及儿童使用的家具和储藏室，支持记录、测量、创造、构建、测试和产生想法等实验性学习行为。同时，这也是个社交空间，提供大量言语沟通和共同参与的机会。实验型学习空间类似于户外的教室，正如室内教室需要投影仪、桌椅、黑板等设施进行室内学习，户外学习活动的发生也需要松散材料、存储设施、户外学习家具（桌椅设施）、科普小品等空间设施的支持。

实验型学习空间建议满足以下设计原则：选址宜尽量靠近其他类型的学习空间，支持更多样的交叉学习和提高空间设施的利用率；宜大量遵循非结构化设计原则，提供松散材料、可移动桌椅等，尽量不提供完整性和工业化程度较高的设施；选择材料、结构、设施等时，要充分考虑实验型学习活动的影响，如耐脏等性质；并且减少重复化设计，从空间形式到具体材料选择都应尽量多样丰富，满足多功能使用。

（5）活力型学习空间

活力型学习空间，即通过自然设施鼓励积极运动、创造和充满挑战的空间，其包含的自然设施有可塑类设施和微地形两种类型，大部分来自自然或由自然材料制作，这样的要素通常较为简单，对儿童在其中发生的活动的预设性较低，儿童在这样的空间会充满活力，自发地运用各种自然设施来表演他们创造的故事。在这样的空间中，他们不仅能在空间中培养身体意识，建立空间感知和认知能力，还能操纵空间中的自然元素，来建造他们的世界，发展无限的创造力。

活力型学习空间建议满足以下设计原则：应以非工业化的自然设施为主，不宜出现器械类设施；场地灵活性较高，行为活动预设性较低；儿童在活力型空间的停留时间较长，要把自然或人工遮阳物考虑在设计中；活力型空间宜具备较好的可视性和可达性。

6.3.3 案例分析

6.3.3.1 TO YARD（撒花园）儿童自然教育花园

（1）专业化的儿童活动拓展：促进儿童的自然环境认知和科普体验

上海国际花卉展期间，花园结合了传统文化、技术工程、生态植物等多专业，定期举办以植物科普为主题的自然教育及儿童的研学活动，鼓励儿童通过花园体验，更加热爱自然和户外。此外还组织夜游活动探索花园，吸引了众多家长带着孩子们走进自然（图6-10～图6-11）。

（2）灵活多变的开放性材料：支持儿童的亲自然性非结构化游戏

花园采用支持儿童亲自然性非结构化游戏的开放材料，如布袋式垂直绿化既作为涂鸦黑板的支撑，也成为立体的植物景观，与花园周边融为一体；并利用园区掉落的柳叶枝条统一清理和整理，使其成为新型生态循环材料的展示。

第六章 自然环境与儿童友好开放空间

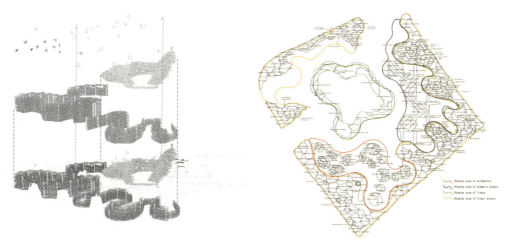

图6-10 To Yard（撒花园）轴测叠加分析及种植设计图
（图片来源：IUG）

图6-11 To Yard（撒花园）夜景场景
（图片来源：IUG）

（3）丰富多样的种植设计：刺激儿童的感官发展需求

花园内共计 229 个植物品种，以旱生、观花、芬香作为三类主题种植分区，刺激儿童的视觉、嗅觉等感官需求。观花类主题区域围绕柳叶枝景墙，并在景墙墙角处种植藤本月季、蔷薇等攀爬类植物，结合较为罕见的植物品种作为主题搭配，营造自然生长的生态环境（图6-12）。

（4）流动迂回的空间层次：满足儿童"秘密心理"的空间偏好

儿童的活动轨迹具有随机性和不确定性，偏爱他们熟悉的并能感到安全的、可被看见和方便到达的游戏空间，也喜爱访问或创建一个特别且神秘的藏身空间。因此花园的整体空间设计流动而迂回，参数化的曲面景观构架也是花园儿童活动的核心场地，环境透视性强，儿童可通过随机摆放的植物和方钢孔隙进行视线互动，增强活动场地的空间神秘感及趣味性（图6-13）。

图 6-12　丰富多样的自然材料和种植设计
（图片来源：IUG）

图 6-13　To Yard（撒花园）空间流线迂回的场景鸟瞰
（图片来源：IUG）

6.3.3.2　上海辰山植物园数字化沉浸自然创新体验

自然种子团队结合上海辰山植物园实景自然资源，并融合剧情化的场景故事线索和 IP 内容，打造了数字化的沉浸式儿童亲自然体验模式。具体通过将手机 App 与实体道具相结合的剧情式任务游戏，每组家庭自成一队，在辰山植物园内定向解谜探险，借助 App 里"种子宝宝"（自然种子 IP 形象）的情报线索、地图和其他道具线索探索自然、破解谜题，亲子协作最终救回"辰小苗"（辰山植物园 IP 形象），并结合自然种子盲盒探秘种子的成长。该项目实践在不破坏现有环境资源的前提下，超能植物战队完全依托线上小程序工具以及物料探索包，故事剧情所需节点皆为辰山植物园现有植物及景观，通过趣味的故事剧情，将主要打卡点与游线相结合，让亲子家庭在游览植物园的同时进行一场别具一格的探险体验，游玩过程中没有 NPC（非玩家角色）及老师带队，需要家长和孩子根据现有提示共同探索闯关。在体验过程中会有野外测量、纹理拓印及自然物收集等各类有趣的玩法，丰富的自然玩法需要家长和孩子全情投入，让父母与孩子共同探索大自然，通过互动科普、自然探索、视频讲解等全新形式下的剧情深入，不断引导孩子在"记忆者"和"探索者"之间切换角色，加深孩子和自然的互动，也使孩子学习层次从单纯的"辨识"层次，上升到"描述"以及"解释和应用"的层次（图 6-14、图 6-15）。

图 6-14 上海辰山植物园家庭定向解谜自然教育游戏
(图片来源:自然种子)

6.4 户外营地

6.4.1 户外营地的发展

青少年户外营地在欧美等国家的发展源远流长，已有超百年历史。1885 年在美国纽约城郊举行的基督教青年会（简称 YMCA）露营活动是最早出现的教育型营地活动。在 YMCA 活动成功举办后，美国全国各地陆续开展了各种类型露营活动。1900—1930 年期间，各类营地教育活动如雨后春笋般出现，加、澳、英、日等国家均借鉴美国组织形式，成立各类青少年营地组织。到 1987 年，首个国际性的露营组织——国际露营联盟（International Camping Fellowship）宣布成立，四年一度的联盟会议，使得青少年教育营地有了更好的发展，走向了更加广阔的舞台。

这些国家的营地教育起步较早，通过多年的营地实践，在运营模式和教育体系方面积累了丰富的经验。政府出资建设了大部分的户外营地，另外一部分营地由企业公司和社会组织共同建设。无论哪种建设模式的营地都与学校建立了紧密的联系，建立了一致的教育方向与目标，在知识研究和共享方面形成了高度的互动关系，使得营地教育成学校课堂的有力补充。营地的教育区别于学校的课堂教育，在青少年的体能锻炼、户外活动、生活技能、艺术特色等方面有所侧重，这些活动内容的设计与主题定位的明确都是由学校教师和营地专业人员共同配合完成的，相互协调执行课程计划，凸显了营地教育这一特殊教育类型的重要作用。

美国目前的营地规模较大，营地总数高达 12000 个，活动时间从半天至数月不等。营地的活动形式根据青少年的不同年龄阶段有所区别，青少年可以综合考虑自身的时间、爱好、经费、需求选择合适的户外营地。

俄罗斯现共有 55000 处露营地，由于其国土面积辽阔，植被丰富，且民族尚武好勇，各个年龄段的国民对挑战大自然展现出浓厚的兴趣。国家领导人会应邀参加每年夏令营的开营仪式，足见该国对青少年露营活动的重视。

英国的国际户外学校（Outward Bound School）是目前具有广泛影响力和代表性的营地教育机构，其教育理念是在自然的原始环境中迎接挑战、探索未知。在徒步旅行、登山探险、自行车越野等系统持续的课程训练中，青少年可以发现自我、挑战自我、完善自我。

20 世纪 50 年代，北欧许多城市依托丰富的森林资源兴起了"遵循自然、回归人性"的教育理念，北欧各国利用森林资源优势开展了以"森林教育"为特色的自然教育。大量的城市森林公园在这个时期建设起来，如今这些都成为户外教育的活动基地。

日本在 20 世纪末将欧美先进的营地教育模式引入国内。在此模式的基础上，日本从 20 世纪 60 年代开始探寻适合本国特色的发展模式，注重本国历史文化和人文精神的传承，形成具有日本特色的风土人情自然观。日本的营地教育鼓励从自然体验和户外运动中获得生存技能、道德修养和身心力量，并对自然故乡饱含热爱。

总结欧美等国家的相关青少营地案例，通过分析比较可以看出，欧美一些知名的青少年营地历史均比较悠久，如加拿大基韦丁营地（Keewaydin Camp）已有 120 年的历史，不仅是加拿大，也是全球最老牌的青少年营地之一。历经百年的洗礼与传承，这些营地很多的传统项目被保留至今，参加历史悠久营地活动甚至成为许多家庭的传统。乌克兰的阿泰克营地（ARTEK Camp），最初是苏联少先队的夏令营基地，苏联解体后，营地交由乌克兰管辖。俄罗斯总统普京、总理梅德韦杰夫等政要和很多著名艺术家、奥运会冠军都曾经是这个营地的营员。随着时代的发展，营地也在不断完善、拓展，活动主题和组织方式越发灵活多元，现在营地不仅提供了短期的传统常规课程，还设置了天文学、地质学、视觉艺术、陶艺制作等特色课程。

　　国外相关的知名青少年营地在定位上清晰而明确，凸显营地的自然教育特色，并且与青少年的生活产生关联。如美国新罕布什尔州威尔莫特的儿童营，该营地的品牌宣传和营地主题为"和兄弟姐妹一起提升社交能力"，更为注重培养青少年的"非认知性技能"（non-cognitive skills），作为独树一帜的社交夏令营，跨性别、全龄段的交往互动更有助于培养青少年之间纯粹的友谊，在营地老师和教练的指导帮助下，青少年也能迅速地提升社交能力和独立生活能力。

　　与此同时，这类营地的主题活动也与青少年的年龄更为匹配，通过细分青少年的年龄阶段，设置了更具有针对性的特色活动营。如瑞士的精灵国际儿童营（Les Elfes International Camps），此营分为 7—11 岁，12—14 岁，15—17 岁三个年龄组，根据不同年龄段孩子的特点安排合适的课程和活动，为孩子们提供安全的体验与挑战。7—11 岁为发现营，该营地的营员们年龄最小，导师会替营员筛选适当的活动，以难度相对较小的初步体验活动为主，并且在营员在活动时，皆有细心且经验丰富的营地老师陪同。12—14 岁为探险营，这个年龄层的营员能挑战更多的活动，如越野单车、在日内瓦湖上划舟及划橡皮艇、网球、溜冰、滑翔伞等。15—17 岁为开拓营，年龄最大的一群营员，有更多的自由活动时间，可以参与更具挑战的活动，如野外探险、阿尔卑斯山远足、攀岩等。开拓营更注重培养营员们的表率意识，将其培养成为营地活动小组的小领导。

　　国外知名营地的选址和所依托的自然资源也别具特色，可以毫不夸张地说，世界知名的青少年营地依托了世界最知名的自然资源和人文景观。如俄罗斯的奥尔良诺克营地（Orlyonok Camp）占据了黑海最美丽的 4km 海岸线；瑞士的精灵国际儿童营（Les Elfes International Camps）则选址于备受尊崇的阿尔卑斯山区的中心地带韦尔比耶，毗邻欧洲最高峰勃朗峰。印尼的巴厘岛绿色营地（Green Camp Bali）借助巴厘岛"热带天堂"的天然优势，让孩子们置身于风景如画的自然环境和生态建筑中，体验当地的风土人情，学习并感受大自然馈赠的各种知识。

　　由此可见，国外的相关案例在特色定位、依托资源、营地类型和活动主题上均为我国的青少年营地研究和建设提供了丰富的借鉴。但是我国的青少年教育营地起步较晚，市场发育尚未成熟，无论是土地权属、教育政策还是营地发展的主题理念上均与国外存在着一定的差异性。因此本章节将重点针对国内的教育营地的发展状况，结合目前国内相对有代表性实际案例，展开相关的论述和研究，以期为我国青少年教育营地的发展建设提供规划设计上的技术支撑。

6.4.2 自然教育户外青少年营地规划设计方法

（1）规划原则

自然原真性原则：扎实细致的场地考察是一切设计的基础和依据，自然教育营地更是要尊重自然环境的天然肌理，领悟环境中蕴藏的人文风情和地域特色，在自然环境中探寻设计逻辑，提炼设计语言，巧妙地组合场地内各景观要素的关系，形成与现状场地充分契合的规划方案。由于户外营地的选址都在自然资源丰富或环境优美的区域，因此要树立生态保护优先的设计理念，以低调谦虚谨慎的态度介入自然，以生态环境保护为主导的设计策略，在人工干预过程中采用生态技术保护自然的原真性。

灵活教育性原则：以青少年教育理论为基础，把握青少年成长过程中身心发展的规律，利用有限的场地空间及自然资源进行灵活多样的搭配组合，提供相应的教育课程和活动内容，满足青少年的多样求知需求，探讨青少体验的多样性、丰富性与多种可能性。通过高效组织创造同一场所可以匹配多种不同活动配置，激活户外空间的灵活使用潜能，获取最大教育效能。

实践参与性原则：面向自然教育的营地与其他营地的差别在于青少年的参与性，需要在真实的自然环境中参与实际的课程与活动，与自然要素进行切实的互动，从户外课堂收获封闭课堂无法获取的知识与技能。因此提供积极的、具有较高参与性及实践性的课程，会有利于提高青少年的综合素养，加强青少年的逻辑思维能力。

安全规范性原则：营地的规划设计必须严格遵守各种规章政策，以规范技术操作来保证自然环境的有限利用，自然资源的适度选取，以及青少年活动的安全性，坚持严守规划设计的底线，不越界，保证户外教育的有序展开，确保户外营地的可持续、高质量发展。

（2）营地选址和规模

同样是为青少年的活动提供自然环境空间，户外营地较游学、冬令营、夏令营而言最大的优势是拥有稳定、专属、长期的活动场地。尤其是在城市化程度高的城市地区，用地资源高度紧张，适宜开展户外教育营地的场地属于稀缺资源，因此面向自然教育的青少户外营地选址显得尤为重要。

其中资源丰富是首要考虑内容，因为自然资源与自然环境是自然教育的教材，无论是公园联动型、景区依托型还是房产依托型营地，其资源特征一定程度上决定营地的定位与类型。营地应选建在能够愉悦身心的自然环境中，场地中应蕴含丰富的自然资源和人文资源，并且有着平坦开阔、安全性高、适合开展集体活动的区域。自然价值、人文价值或历史价值特别突出的资源，也是选址时重点关注的对象，应尽量纳入营地中来。

户外营地本质上是一种社会成本较低，但社会收益和市场收益均较高的土地利用模式。营地的选址不仅可以考虑山地、丘陵、水边等传统的自然风光良好的区域，一些废弃的工业区、废弃的铁道车场站等也可以重新被发现并利用，站在自然教育的角度让青少年重新认识历史。将这类资源纳入营地选取的资源要素，可以重新评估土地价值，为可持续利用土地提供新的视角和模式，使生态文明建设和自然的可持续发展利用成为青少年户外营地的教育内容之一。

此外，交通可达也是评价营地分布和影响客源稳定性重要指标，目前可供参考的针对青少年户外营地建设的相关规范和标准尚未出台，现参考《休闲露营地建设与服务规范》第4部分：青少年营地，营地与最近的城市建成区距离在100km以内。以营地为中心、车程2小时内范围内应有二级以上公路通过。从外部道路到营地接待点的公路等级应达到三级及以上。

营地周边应有成熟、安全、稳定、便捷的交通网络。为便于青少年团体包车或自驾到达营地，应靠近或紧邻高速公路或国道省道，营地主要出入口距离高速公路或国道省道沿线的主要出入口以2~5km较为适宜，不宜过远。对于开车自驾到达的方式，2小时内到达营地是较为理想的控制范围，即从中心市区到达营地的入口距离为120~200km。考虑到乘坐公共交通到达的方式，营地应选址在公共交通便利的地方，距离地铁站或公共交通站点不宜超过1km，可满足步行到达要求。

不仅如此，《休闲露营地建设与服务规范》于2016年5月1日开始实施，根据该规范第4部分，营地总面积宜达到0.6km^{2}以上，户外教育区中的活动区面积宜在5000m^{2}以上；服务中心应配备宿舍、商店、餐厅、淋浴房、厕所、器材库、活动室、实验室、办公室等设施，总建筑面积不宜小于2000m^2。青少年户外营地可以参考相应的建设规模和指标要求，结合自身场地、环境特征、客流目标、教育活动需求和资金预算等情况，进行适当调整合理增减。此外，必要的室外活动场地、餐厅宿舍、办公配套等场地的建筑还是要满足一般民用设计的基本规范，达到必要的规模要求。面向自然教育的户外营地有的依托风景区，用地性质较为复杂，容积率有严格的限制，一般不可新建大体量的建筑，营地自身规模也应该与该风景区相协调。涉及重点生态保护区，更应该严格控制各项硬质场地及配套设施的规模，结合自身的建设能力量力而为。

（3）功能分区

青少年户外营地规划中，自然教育是重要内容，因此在空间布局上更应该注意以下几方面：①根据场地资源的自然特征、文化属性是否与自然教育相匹配来划分功能区，确保每一个功能区都能起到自然教育的作用。② 根据服务的对象主要是青少年群体，该群体活动有较强的集中性，以团队生活为主，每一功能区的活动空间、集散空间应根据客流目标满足相应面积要求。③ 户外营地的定功能应与整体定位和活动主题相符，每一个功能区都能支撑并体现相应的主题定位。各功能区通过流畅的动线互相连接，结构清晰、秩序明确，形成一个有机整体。

（4）空间布局

场地的空间布局应遵循的两个重要原则和思路：一个角度是从基地的自然属性出发，强调场地与环境的融合；另一个角度是从活动内容的组织出发，形成内部空间的自洽。整体来说，青少年营地的空间布局应以谦虚避让的低姿态融入自然，场地空间因形就势，或位于山脚下，或落于丘陵中，或息于江畔旁，或藏于竹林间，而不是突兀地凌驾于自然之上，应体现对自然和环境的依赖和尊重。此外，场地内部空间组织不仅要考虑青少年活动的功能需求，确定空间整体形态；还要综合考虑视线、动静、虚实、节奏、韵律等各景观要素组织关系。通过对活动内容进行分区组合、将场地各元素统一为一个有机整体，这样可以使得户外营地的空间呈现出清晰和明确的结构关系，使用功能、空间排布、景观序列方面都能呈现出有秩序逻辑关联，也可以节约土地资源，减少浪费，使户外营地达到最佳的利用状态，发挥土地的最大社会和经济效益。营地的空间布局形式主要分为以下三种类型。

均匀分布型：均匀分布型布局的户外营地的管控中心通常坐落于营地的主入口附近；户外活动区位于营地的核心区域，并成为整个营地的中心；服务中心如餐厅、商店、宿舍等或与管控中心合并在一起，也可根据情况，分布在靠近户外教育活动区的一侧；探索发现区布置在山体、水源附近，与服务中心不宜过远。对于场地形状较为规整、场地地形条件相对较好、而用地面积又略显紧张的营地，该模式较为适用。这种布局模式便于场地物流人流的组织集散，场地空间利用率较高，便于服务管理。

中心放射型：中心放射型布局的户外营地将管控中心布置在营地的中心位置，户外教育活动区、探索发现体验区、服务中心等以管控中心为圆点向四周分散布置，呈现出同心圆的模式，所有的分区都是围绕着管控中心展开，秩序感更强，整体布局更为紧凑明确。各个分区根据周边的地形地貌和资源环境调节与位置间距，绿化种植穿插其中，成为天然的绿色屏障，整体布置有机自然，可以形成多样灵活的空间布局样式。该模式也为将来营地的发展与扩张预留了空间，具有较高弹性，适合占地面积不大，土地可用面积有限的小营地规划布局。

线性串接型：线性串接型布局的户外营地通常有一条连续贯通的轴线成为营地空间的骨干框架，其他各个分区通过轴线串联起来，在两侧依次分布并通过出口与轴线接。对于场地狭长，或场地内地形条件不易重塑、内部流线不畅的营地，串联分布型较为适用。但这种类型的空间分布较为分散，管理成本、公共设施建设耗损成本均较高，一定程度上也造成了青少年使用的不便。

（5）活动设计

活动项目需要系统而全面的精心设计，从项目优势特色的甄别到稀缺资源的分析，从项目教育性的体现到专业性的呈现，从项目的普适性完善到高体验感追求，都需要融合更全面、更专业的跨学科知识。项目的具体设定也要充分考虑青少年心理认知、体验思维和运营管理的实际需求，如"场地特殊养护需求、师资配备需求、分时段运营的可行性、执行标准化的严格性、运营复杂的可操作性、机构综合运动的匹配度"等。活动项目的设计与交通、餐饮、安全、教育、住宿任何一个规划要素脱节，都会形成青少年户外营地的短板，因此应该从规划设计的伊始即高度重视活动内容与这些要素的内在关联，从根源上消除短板，力求满足各方需求。

兼顾全龄段儿童活动需求：不同年龄段儿童的生理、心理状态和承受能力不同，注定不同年龄段的儿童在活动和需求上存在差异性。不同年龄段儿童对应不同的状态，户外营地活动项目的内容和形式都不相同。通过设置满足青少年全龄段活动需求的综合项目，可以最大限度让儿童进行自主选择，不同年龄阶段的儿童可以收获不一样的体验，以不一样的方式开启自然教育的大门。

多途径参与：自然教育是青少年沟通交流、参与集体社交和展现自己的良好舞台，在营地活动项目的设计上，应尽量满足青少年的全参与性，可考虑设置一些不限年龄、不限性别的多类型主题活动，让青少年可以跨界性别、年龄的差异，通过各种途径全面参与营地活动中，因此增强活动项目的趣味性、提高活动内容的可行性、注重各类的活动的针对性、保证活动自然教育的有效性显得尤为重要。积极探索参与活动的有效方法和途径，更能确保营地自然教育活动的效果。

多样性的组合：尽可能设置丰富多彩的活动内容，针对目标青少年的不同特征可制订有针对性的活动类型。不同基地上可以有多个活动场所，同一活动也可以在不同的场地上分时、分批举办，也就是说活动和场地可以灵活组合，不必完全对应。通过时间和空间的自由组合创造更多的、更丰富的学习、玩耍体验。因此活动内容的策划可更多关注不同活动的特色内涵，强调每一项活动更有针对性地详细设计（图6-15）。

图6-15 营地中儿童在参与搭建的户外场地中观看海派皮影展示
（图片来源：IUG）

（6）绿化种植

自然的、生态的、生动的绿色植物是大自然最好的馈赠，也是自然教育最好的老师。营地介入植物空间的姿态应该是谦逊的，各种植物种植设计策略应该是相对"退隐"、适当留白的，应保留自然植被的原生野趣；应就地取材，对场地内原有的丰富森林资源、河流山川、湿地田园进行保护性利用，坚持最小的干预和有限的介入，让自然植被等绿色资源作为营地的底色，营地活动穿插、点缀、隐匿于其中。对待自然生态的谦逊姿态，体现了设计的价值观，当其落实为具体的可感知的绿化空间，青少年可以立刻体验、触碰、品味，有形的空间为无形观念传递和生态教育提供了最好的途径。

然而，营地的开发介入不可避免会对自然区域内的生物栖息地、森林植栽、地形地貌造成破坏，这时应根据动植物的特色群落关系制定相应的规划策略及引导措施，进行不同层次、不同级别的保护。例如对有毒有害的植物进行疏伐，保护青少年的活动安全，有序化地控制和引导营地活动，杜绝因营地的建设和无管控的活动导致植被的退化和水土流失，保护生态环境的同时也满足青少年的活动需求。

丰富多样的种植类型：人为干预的种植设计，可以优化现有植被的种植结构，避免原生植被结构单一造成的季相缺失，形成四季丰富的植物色彩变化。在植物密度过高、间距过小的森林地带可对病植株、形态不好的植被进行疏伐，引入更多的阳光和视线空间，既利于植物的生长，也可为营地提供一定的空间，同时也为青少年带来了开敞的视线和充足的阳光，有益身心发展。在植物品种的具体选择上应选择阔叶、常绿等进行混合和交叉。结合营地的场地布置，在正西和西南方向种植冠大荫浓的常绿乔木，为青少年提供遮阳，避免阳光的直晒。营地内部同样需要精心的植被设计，可提供特色、具有一定面积规模的观赏花园或田园，并强调植物的乡野性和原生性，区别城市植物景观的过度精细化和紧凑化。适量的农作物也是青少年营地不错的种植选择，可以丰富和补充植被的类型和品种，也可借此向久居城市的青少年普及农作物的基本常识。

真实生动的感知：在充分保护植被和生态资源的前提下，可以充分发挥植物的自然教育强大功能，如设置植物认知类教学、植物展示类观赏、植物认养类互动、踏青游憩类体验等。针对植物认知类教学，可设置植物指示牌、不同植物生态环境下比较、植物抗逆性认知、水体净化、防沙、固土等植物生态作用认知等；植物展示类教学，可建立植物温室、科研活动中心、环保节能低碳示范区、湿地景观展示区、生物净化技术展示、水土保持技术展示、太阳能风能等清洁与可再生能源利用等环保节能低碳示范区，生态文明博物馆、植物多样性生境展示等；对于植物认养类互动，可开展义务植树种植、名木古树认养、疗养康愈花园参与性设计、植物群落绘画写生、鸟巢手工搭建、动植物栖息地修建修葺等活动；对于踏青游憩类体验，可开展二十四节气踏青、野菜野果采摘、追风少年风筝大赛等特色活动。

（7）安全管控

自然教育目标下的游戏场地及游戏环境存在一定的风险性，自然环境中的各个要素具有不确定性和随机性，每一项活动都是趣味性和危险性并存，在营地的规划设计中要充分尊重青少年的活动需求、心理需求和生理需求，以青少年的安全为核心，各项景观设计要素都要保障青少年的身心安全。在安全性要素的选取时，一定要特别关注青少年的心理健康，通过营地的景观空间规划设计让青少年释放隐匿的情绪，使各项情感诉求可以得到较好满足。

（8）运营管理

青少年户外营地的运营需建立科学完善的管理体系，包括前期策划、资金筹措、规划建设、营销推广、人力资源、风险管控等方面的内容。其中，前期策划应进行详尽和充分的场地调研，以此为根据和基础，确定营地的客源目标、价值分析、财务预算、优势劣势分析、可行性判断等。充足的资金同样也是营地规划建设和运营管理的根本保障。此外，规划建设包括项目位置的选择、场地规模的控制、活动场地的布局、配套设施的规划、空间细节的把控，需要采用科学系统的规划设计方法，选用专业的、有一定技术实力的团队，全程跟踪、一体化设计，以技术保证质量。在项目质量保障的基础上，营销推广也是重要的组成部分，包括活动内容的策划及活动时间、流程的安排，营地形象的展示、宣传营销的手段方式、营利模式的分析策划等，这也是营地顺利运营、活动计划高效执行、客源稳定输入、资金顺畅流转的保障。作为营地人力资源的核心部分，管理团队应包括经营部、管控部、技术部、生产部、财务部、运营部等，应打造一支完善的精英团队；师资团队应承担各种营地主题活动的开展和自然教育课程的实施，该团队应具备技术性、专业性和知识互补性；客服团队应具备良好的沟通技巧和业务素质，负责前期咨询接待、中期跟进互动和后期评价反馈工作，与营员、家长、老师进行积极的交流沟通，提供高品质的服务体验。最后也是最重要的内容是风险管控。通过建立标准化和体系化的规划建设、课程内容和运营管理，时刻树立风险防范意识，降低青少年户外营地的安全风险、质量风险、人才风险、财务风险、客户风险、管理风险等，是有效实现风险管控的重要举措。

（9）配套设施

安全全面、系统性强的配套服务设施是户外营地活动得以顺利开展的重要保障，包括给水排水设施、服务管理设施、公共卫生设施、配套服务建筑、标识指示设施等。户外营地的给水排水、卫生、防火防灾等安全健康设施的建设应符合相关标准。其中特别要注意防火措施，在营地内除去局部可限时进行集体烧烤的区域外，其余区域严格禁烟禁火，特殊情况需要用火，应派遣营地专门的工作人员提供器具。使用火器具及集体烧烤的时候要配备齐全的安全消防设备，确保用火安全。

为保证营地游人的人身安全及财产安全，在营地的入口服务区、公共管理区、娱乐休闲区等公共空间应配备全面的电子监控设备，建立完善的安防监控系统，做到无死角监控，派专人进行实时监控，在监控室内就可以对营地的全貌进行全面了解和掌握。夜间也需配备专门的管理人员定时进行巡查。

6.4.3 案例：达拉自然探索营

（1）用地选址——交通便利的生态景区

G-Park 生态园地处迪士尼乐园东北侧，国际旅游度假区南部，地铁直达，交通便利。生态园拥有有利的客源分流地理位势，前期基础设施建设和招商项目已经成型，且拥有较为稳定的学生活动生源。通过对上海国际旅游度假区生态园细致的现场调查和场地踏勘，对自然条件、地形地貌、各项设施进行了仔细的分析和研判为项目选址提供了依据。

（2）资源评价——丰富多样的密林小溪

自然探索营场地中保留有大片未开发的原生/次生林地，以树木植被、自然河道为地貌特征，由于人工痕迹较少，显而易见的生态保护价值具有潜移默化的教育意义，这是在开展环境教育活动最有效的环境教育资源。场地里有大面积的香樟林地、丰富的野生地被品种以及天然的河流、小溪，可以为青少年接触自然提供宝贵机会。园区内水网密布，纵横交错的水网提供了良好的湿地空间，为水生态园的打造提供了良好的基础。

（3）场地空间——高效集约的功能布局

为了让活动参与者在营地中获得真实生动的学习体验，项目前期准备阶段进行园区实地踏勘后，挑选两处活动空间作为教学场地，一处是活动营地，一处是户外体验区。

活动营地：营地区需要一块地势较为平坦，环境相对独立，游客干扰不多的草坪区。教学活动从这里开始，也在此结束，一个具有仪式感的场景，有助于营造良好的学习氛围。为了使营地具有主题辨识度，命名为"达拉营地"。达拉自然探索营不但是学员观察和欣赏自然之美的鲜活场景，也是通过实验、行动认知大自然可持续共生法则，共同参与园区环境保育的途径。

户外体验区：通过前期的实地勘查和适度清理，标识可供小团队进入丛林的徒步路线，提炼解说素材，巧妙构思互动环节，在活动行程中可呈现富有教育功能的活动情景，与达拉的旅行，将是一次启发思考、唤起行动的探索之旅（图6-16）。

（4）景点设置——受益良多的自然体验

五感探索：蒙上双眼，以触摸和聆听的方式，感受这美妙世界的一草一木。当蒙上眼睛时，就自然会在林间放缓脚步，孩子与家长之间保持着一根树枝的联系，在林间盲行，以漫步、倾听、呼吸的方式感受视界外的灵动同时,也建立了与大人之间的新的信任(图6-17)。

树屋野餐:自助助人,分享团队生机午餐;追溯美味的食材从哪里来,餐后的厨余到哪里去;温习在居家生活中也能行之有效的有机堆肥良方(图6-18)。

小湿地营造:寻找森林里的水足迹,认识常见的水生植物和动物,领会人工小湿地对保持生物多样性的意义;营造串联在湿地水系中的小池塘,建立小池塘物种记录档案(图6-19)。

创意手工:利用环保工具包,可将废弃的饮品纸包装变身为值得珍藏的环保压花作品;收集自然里的种子、落叶、枯木,动手动脑,无用之物也能变成心仪的木工艺术作品;为营地的昆虫城堡添砖加瓦。在践行与环境友善的生活理念同时,锻炼让无用之物也重焕生机的能力(图6-20)。

森林探险:青少年在丛林深处疏通河道、栽种水植,了解湿地对保持生物多样性的意义。孩子们观察百花绽放的微森林,倾听野鸟的歌咏,探寻蚯蚓的生活史,拜访枯木大饭店的朋友圈,结识百变小生境里的明星一族。探索自然,教孩子们领会草木的神韵,重新发现身边的自然(图6-21)。

野营演练:营地边的林间空地是进行户外野营演练的好地方,辨识方位、扎营、取水、用火、避险、急救,了解无痕山林的环保原则,在享受野营乐趣的同时,也学会如何保护好野生动物的家园(图6-22)。

野鸟课堂:观鸟的旅行,是亲近自然的奇妙之旅;鸟巢的故事,是亲子家庭的共同话题。通过望远镜观察树梢上的鸟巢,了解鸟儿筑巢的本领,在小河边铺设一段浅滩护坡,等待野鸟前来驻足、歌咏。

图6-16 营地户外活动
(图片来源:达拉自然探索营)

第六章 自然环境与儿童友好开放空间

图 6-17 五感探索活动现场
（图片来源：达拉自然探索营）

图 6-18 树屋野餐活动
（图片来源：达拉自然探索营）

图6-19 湿地营造活动
（图片来源：达拉自然探索营）

图6-20 创意手工活动
（图片来源：达拉自然探索营）

图6-21 森林探索活动
（图片来源：达拉自然探索营）

图6-22 野营训练
（图片来源：达拉自然探索营）

6.5 亲自然性的游戏场地

6.5.1 "亲自然性"游戏场地特性

"亲自然性"特征要素是最能反映游戏场地的特性，如农园性、野趣性、生态性、可持续性、非结构性、生命性、教学服务性、寓教于乐性、实践性、流动性等场地特性。

（1）农园性

体现在蔬菜要素和果树园要素上，尤其是对蔬菜园的高度认可。蔬菜园也被称为厨房花园，是一个种植蔬菜和其他可供人类食用的植物的花园，是都市中小规模蔬菜的种植形式。这一要素最大的特色是儿童与蔬菜之间熟悉而又陌生的关系，蔬菜是儿童日常饮食中的重要组成部分，然而城市中已鲜有蔬菜种植场地，儿童饮食问题中也存在不喜蔬果的问题，教育者和被教育者对蔬菜园的需求也不再满足于郊区农园中。果树同样也提供了许多相似的教育机会，但受结果期短、树木高度等因素影响，与儿童的互动性会弱于蔬菜。与其他场地中的蔬菜和果树种植不同，教育型花园中的蔬菜园和果树园从本质上就不为生态性和美观性而产生，它具有生产性质，但其更重要的使命是健康食物与健康教育，是教育型花园中非常关键的特征要素。

（2）野趣性

体现在野生花卉的重要性上。野生花卉本是生长在野外的花，这意味着它不是有意播种和规划的，常常多种花卉随机地生长在一块，反而形成了另一种趣味，这种野趣性与城市中统一规整的种植形成强烈的对比，因而对儿童产生强烈的吸引力和好奇心；多样的形态、颜色、大小等也具有丰富的教育可能性，更重要的是，这样的野趣美符合儿童的理解中的自然美，是教育型花园中建立儿童与自然关系的关键要素。

（3）生态性

体现在小树林类生态系统和池塘类生态系统中，生态系统丰富了场地自然环境的多样性，让教育型花园在一定程度上起到郊外湿地公园、森林公园等场地环境的教育作用。郊外风景游憩林地以生态功能为主，生态教育为辅；而教育型花园中的生态系统并不为生态性而产生，它具有生态意义，但更多是起到户外学习资源的作用。

（4）可持续性

体现在回收材料的使用、堆肥设施和可持续装置上，可持续教育是户外学习的重要领域之一，教育型花园应尽可能地在场地中运用可持续材料、设施、装置等，并作为展示和教育的内容。与国外机构导则相对更偏重朴门系统中的堆肥要素不同，本土的评价中更重视回收材料的使用，这一要素的评价结果仅次于蔬菜园。

（5）非结构性

体现在卵石、树叶和种子等松散材料要素和雨量计等科学工具要素上，松散材料或工具又称可移动要素和非固定要素，儿童可以通过移动、组合、收集、拆卸等多种方式去操纵松散材料，从而实验他们的各种创造性想法，是支持户外学习的灵活性、随机性和创造性的关键场地要素。松散材料或工具虽然不是场地中的结构性要素，却与场地的其他结构要素息息相关，部分要素如树林本身容易产生松散材料，要素的设计如沟渠能激活松散材料的使用，松散材料还可以运用在其他要素的设计中如铺地材料等。

（6）生命性

体现在水生生物、昆虫角、鸟类生物三种生物要素上，教育型花园不是一成不变的课本，而是活的生命实验室，生物要素就提供了这样丰富的动态学习资源，让儿童观察和思考，还能建立与自然生态的情感联系，同时支持生物等学科的学习。

（7）教学服务性

体现在洗手设施、遮阳设施、工具房、桌椅设施、蚊虫防治5个要素上，这些设施不是儿童户外学习的直接场地要素，但却是必不可少的服务性要素，支持户外学习活动的开展。值得注意的是，在国外机构导则中提及频率非常高的集聚场地要素在本土重要程度评价里仅为中，更受青睐的是一些小型的桌椅设施。另外，用于存放铲子等教学或体验工具的工具房是教育型花园的一项独特要素，与另外四类要素常出现在其他景观场地中不同，工具房是新式的景观要素，体现了教育型花园户外实验室的场地特征。

（8）寓教于乐性

体现在微地形和沙坑要素上，这些要素都带有游乐性质，表明即使是在面向教育的花园场地中，符合儿童天性的游乐性设施也是必需的，但不应该是工业化成品，可以通过自然类游乐设施满足儿童的需求，增加场地对他们的吸引力，同时，自然类游乐设施一般能激发儿童的探索性和创造性学习活动。

（9）实践性

体现在艺术创作设施、科学原理装置、种植床三类要素上，这3个要素分别支持儿童在艺术、科学、农业上的户外实践学习，相比起标识牌这样的被动学习要素，在场地中设计儿童可以动手实践的场地要素，才符合教育型花园的户外学习特征。

（10）流动性

体现在小径要素上，教育型花园是一个开放的户外教室，儿童不再被限制在固定的座位上，而是全身心地参与户外学习中，在肢体、感官等身体要素与环境的互动中学习。走动、奔跑、发现"新大陆"本是儿童的天性，教育型花园应该支持这样一种符合儿童天性的户外学习方式。因此，小径不仅是普通的交通要素，还是教育型花园重要的"游学之路"，是流动学习体验的保证。

6.5.2 "亲自然性"游戏场地设计原则

（1）景观林地设计

"亲自然性"儿童游戏场地中的景观林地评估和设计主要考虑以下三个方面：第一，植被生境体系，即林地生态系统的基底，是塑造林地氛围和体验的关键；第二，步道体系，即林地生态系统的骨架，与其他流动型空间不同，生态型学习空间的步道体系是多层而立体的，因此本节主要关注分层步道的设计细则，其他步道相关设计详见"流动型空间"一节；第三，枯木生境体系，林地生态系统是一个有生命的系统，"死去的"的自然物在教育型花园中不会被清理，而是处理为特色的枯木生境体系，它们不仅能创造生境，还能丰富教育机会的多样性。

植物选择：林地生态系统是种植了包括落叶的、常绿的、球果的、蕨类、灌木等多样化植被的空间，植物的选择固然涉及很多方面，应该选择的植物，如快速生长的，易于维护的，本土植物；应该避免的植物，包括含有刺激皮肤物质的，或有毒有害的。但最重要的是，植物的选择和引入应根据其教育价值，并且把植物本身视为需要被学习的东西。

分层步道：林地生境包含树冠层、中间层和地面层三个不同高程的种植空间，其道路系统在一级和二级路径的基础上，应重点设计步道的分层探索体系，分层探索允许儿童体验林地中不同层的栖息地，且丰富探索的趣味性。步道分层体系分为三种类型，分别为头顶式、抬高式和地下式，划分依据为主要视线方向、主要体验种植层、步道高程。林地生境应尽可能包含三种类型的步道，并在分层体系的基础上通过设计增加不同的变体。

枯木生境：在自然林地中会出现各种各样的"自然逝去物"，许多野生小动物已经适应了这种栖息地，把它们当作食物来源，依赖于它们栖息，形成了枯木生境，是木虱、蜈蚣、蛞蝓、地上甲虫、蚂蚁和蜗牛等的理想栖息地，同时枯木中产生的真菌都将进一步支持更多样的物种。同时枯木会通过腐化将有价值的营养返回土壤中。显然，枯木生境还是学习自然循环和生命相关知识的重要生境。

（2）自然水体设计

生态池塘，即服务于儿童户外学习的一小块静止的淡水，一般面积比较小，深度比较浅，但却是户外实践环境中学习自然和生态的一种很好的资源。池塘不仅是野生生物的重要栖息地，还为教育型花园增加了许多的学习可能性，为儿童提供了宝贵的亲水、接触野生生物、了解生态系统、维护池塘和简单放松的户外学习机会。无论在当地的公园、社区或学校中，生态池塘都是一个受欢迎的户外教室。对于教育型花园中的生态池塘设计，生态功能只是一部分，更多的要考虑对儿童的友好性和教育机会。

池塘类型：根据地形和土质条件，池塘可以修建在地上或地下，由于教育型花园主要建设在城市中心区域，受条件限制无法修建真正的地下式池塘，因此可以修建生态池，以为儿童提供多样的教育机会。不管是哪一种类型，池塘生态系统都必须具备3个要素：水、土壤和湿生植物。生态池塘应为儿童展示一个尽可能贴近真实的生态系统，为尽可能多的物种提供栖息地和水质效益。相比较地上池塘，地下式池塘对儿童的吸引力会更高，但它的建设条件和建造难度都更高。地上式池塘的建造难度比较低，避免了挖土和运土的工作量，我们几乎可以使用任何防水的容器就能创造这一教育要素，如旧的搪瓷水槽或石槽。更重要的是，地上式的池塘通常更安全，若适用对象主要为低龄儿童，教学内容相对浅显，可考虑使用地上式池塘。

池岸边缘：池岸边缘设计的关键是边缘材质的使用。对于地下式池塘，边缘材质即护岸材质；对于地上式池塘，边缘材质即为容器本身。不同材质在生态性、外观、建造难度、安全性、教育性等方面各有优缺点，应根据实际场地条件和需求选择。

探索平台：生态池塘的设计应进行分段设计，分为生态段和探索段，在池塘的探索段可设置平台，为儿童户外学习提供良好的入口，探索段应保持开阔可达，即使不设置明显的探索平台，池塘也应保持至少1/4的周长段才较为开阔。少种植或只种植苔藓类地面植物，切忌把池塘设计得过于封闭，造成较差的可视性，影响儿童自主使用和探索池塘的机会，甚至产生安全隐患。

水生生物：大多数池塘都增加了湿生或耐水植物种，这些植物种种植在池塘边缘不仅可以增加生态性，还让儿童获得额外的教学机会。茂密的植被还为进入或存在于水中的野生动物提供了保护。除种植湿生植物外，可以通过把死去的树木段放进池塘的方法丰富栖息地，部分淹没的树木段可以为两栖动物和小型哺乳动物提供栖息地，还可以为海龟和青蛙提供晒太阳的地方，更为学习衰变过程和与此过程相关的生命知识提供了好工具（图6-23）。

（3）微地形设计

微地形即通过多样的地形变化刺激多样的游戏性学习发生，土丘、地坑、隧洞自然会引发躲藏、爬行、翻滚和跳跃等体能和空间感知行为，各式各样的景观地形还能支持地理等学科教学，更能激发儿童的探索和想象活动，如把木棍架在窄沟上，把洞穴假装为房子等。具体体现在以下3个方面：第一，教育型花园中的微地形表面的铺装材料为自然泥土或草本植物，且铺装类型宜多样变化，增加教育多样性，而游戏型场地通常为塑胶、假草皮、混凝土等化学材料，且通常为单一材料。第二，游戏型场地中的微地形上一定会架设滑梯、攀爬网等传统器械式设施，行为活动类型可以预测，而教育型花园对行为活动的预设性较低，不应设计任何具体化的游戏器械，但宜适

图 6-23　上海水库村儿童在生态池塘中进行摸鱼活动
（图片来源：IUG）

当结合木桩、木棍等进行设计，允许儿童灵活运用这些自然材料去探索微地形世界，如探索木棍如何架设在裂谷地形上。第三，教育型花园中的微地形宜部分覆盖植被，乔木、灌木、草本植物均可，有助于展示更真实的自然微地形，体现自然生命力，支持更多的教育活动，如阳面和阴面的学习，而游戏型场地中的微地形，由于其铺装材料和较高强度的体能活动发生，一般不会有植被覆盖。

活力型学习空间应根据场地条件尽可能提供多样的微地形变化，允许儿童感知和学习不同类型的空间形态，微地形主要分为土丘、隧洞、裂谷三类，每一类微地形下又有不同的变体，可根据场地条件和教育需求选择。

（4）昆虫栖息地设计

在教育型花园中，昆虫栖息地为儿童提供了与昆虫互动的机会，可以进行观察昆虫是如何给植物授粉、统计昆虫的数量、快速描绘昆虫的形态、描写昆虫的移动、了解它们生活习性等户外学习活动。在生态意义上，为昆虫创造专业的栖息地，不仅能增加花园中昆虫数量，提高花园的生物多样性，还可以容纳捕食性昆虫，以保护花园中的授粉昆虫和授粉植物。

人工的昆虫栖息地，又可称为"昆虫旅馆"，其基础形式类似货架，即使用回收材料和自然材料，搭建不同的小房间，每一个小房间根据昆虫的习性填充不同的材料，供昆虫繁殖、栖息和越冬的场所。昆虫栖息地可以利用填充材料的平面特征创造一定的美学观赏性，还能作为挡墙、石笼等功能设施。昆虫栖息地应该选址在相对隐蔽、潮湿的地方，如花丛和池塘边，附近可种植食源植物和蜜源植物，不要太靠近人群密集活动的场所，以免干扰昆虫的栖息，同时万一吸引了蜜蜂等昆虫到密集场所，可能存在安全隐患。制作人工昆虫栖息地，利用的都是自然材料和回收材料，比如废旧木材和枯枝落叶，填充物要尽量处理成多空隙的。儿童喜欢也擅长收集各种各样的材料，让儿童参与填充材料的收集，不仅可以教导儿童不同昆虫的栖息喜好，还可以进行资源节约和环境保护的教育。

6.5.3 "亲自然性"游戏场地设施设计

（1）户外家具

在自然式空间中，非正式的桌椅设施往往更受儿童欢迎，考虑把桌椅和现存或新建场地特征结合起来设计，如草坡、低挡墙、树木、台阶、种植床、巨石等，为儿童提供灵活安排自己的休憩空间的机会，允许他们选择不同的景观特征，找到阳光或阴影，找到树木或野花，并有多种参与体验。除固定座椅外，考虑设置可移动座椅方便灵活活动，如圆木段和树桩，使儿童能自己安排座位。不同的形式不仅适用于不同群体大小和空间环境，也会给予儿童一定的暗示，激发他们在不同形式的空间中进行不同的认知和社交活动，且桌椅设施可选择各式各样的材料，材料类型有自然材料和加工材料两类，使用自然材料时要充分考虑安全性，如条件允许，应尽量包括多种材料形式的桌椅设施，增加实验型空间的吸引力。

（2）可塑类设施

可塑类设施是以沙、泥、土、石、水等可塑材料填充而成的自然设施，允许学习者在操纵材料的过程中激发创造式学习。可塑类设施根据形式可以分为地面式和桌面式两种形式。地面式即从地面下挖或围合出可填充空间，地面式根据其空间形态可以分为简单的洞坑式和模仿自然河流地貌的溪流式，桌面式即在地面上架高搭建容器形成可填充空间，不同容器之间相互连接形成可传输的形式，且可形成高低不一的容器组合，桌面式一般为简单的箱体连接，亦可在箱体中通过卵石等边界塑造出溪流的形态，形成复合式。各类形式的可塑类设施的组成要素较为相似，一般包括填充区、边界和缓冲区。填充区即填充可塑材料的凹陷空间，边界区即这个凹陷空间的围合边界，缓冲区则是从这个边界到相邻空间之间的缓冲区域，边界区和缓冲区都能有效阻止可塑材料随意往相邻空间扩散。

（3）遮阳设施

在儿童停留时间较长或场地硬地铺装较多的区域，应提供遮阳设施，尤其对于硬地铺装，遮阳面积应大于30%。遮阳设施分为自然遮阳和人工遮阳两类，自然遮阳方式的优点是生态性高，不仅能提供遮阳功能，还能提供教育机会；缺点是通常需要一定的生长时间才能提供足够的阴影，且不能起到遮雨等作用。自然遮阳方式有三种选择，分别为乔木、高大灌木和藤蔓植物，若为乔木应选择落叶乔木，保证夏天可以提供阴影，冬天不会遮挡阳光，栽种方向为东方、东南方和南方。人工遮阳方式的优点是可马上提供遮阳面积，还能遮风挡雨等，且可根据需求选择遮阳面积的大小、形状、开关性等；缺点是自然性较低，且人工设施会损坏，需要维护和更换，成本也相对更高，人工遮阳的方式多为棚架、廊、亭等形式。

（4）卫生设施

教育型花园是一个鼓励创造的空间，这样的空间允许"混乱"，提供卫生设施，不仅能支持其他教育活动的进行，还能保护儿童的健康，更能作为环境卫生教育的手段。教育型花园需要的卫生设施有洗手池和垃圾分类桶两种，这两类设施使用率较高，应视场地大小和活动需求灵活分布。还需注意的是，卫生设施的设计应符合儿童的使用尺度，且提供儿童语言的标志和引导牌。

（5）蚊虫防治设施

教育型花园中有大量生态性较高的空间，杂草、池塘等都是易吸引蚊虫的地方，蚊虫的大量产生会降低空间的使用舒适度，干扰教育活动，甚至对儿童造成一定的伤害，有必要通过有效的措施防治蚊虫，使得教育型花园具有户外学习的舒适性。作为教育型场所，为起到生态示范教育作用，不应使用化学杀虫剂，可采用植物防虫、防虫胶黏片、蚊虫灯等手段。植物防虫是最生态的方法，但其效果和影响范围都较为局限；胶粘片也是一种常见且有效手段，且胶粘片的防虫过程可视性较高，可同时作为教育手段使用，较为适合教育型花园，蚊虫灯等工业化设施防虫效果较佳，但需注意利用灌丛等进行遮挡。

（6）储存和展示设施

对于经常使用可移动工具和松散材料进行学习和动手实践活动的教育型花园，储存和展示设施有着至关重要的作用，它展现出邀请儿童进行各类实验性学习行为的特征，是保证学习材料和工具可达性和易用性的关键所在，它应选址在方便可达的地方，其正面不应设计有遮挡物。

储存和展示设施分为三种类型：第一种类型是开放式储存，如书架形式、挂墙形式，适合储存频繁使用又耐湿的材料和工具，它保持了对儿童的开放性，提高了学习材料和工具的使用频率，开放式储存宜设计顶棚，避免材料受到阳光直射或淋雨。第二种类型是封闭式储存，如柜子形式、小房子形式，适合存储教具、园艺工具等材料，其优点在于确保被存储物品的安全性和使用者儿童的安全性。第三种类型是展示式储存，如书架形式、透明塑料瓶形式，儿童喜欢进行寻宝活动等，他们常常收集昆虫、树叶、碎石、树枝和果实等，还会用于加工制作活动，展示式储存有利于存

图 6-24　上海水库村田园实验现场儿童在辨识农作物和常见昆虫
（图片来源：IUG）

图 6-25　上海水库村田园实验活动中，儿童在遮阳装置下进行田园植物认知活动
（图片来源：IUG）

放儿童的个人收集物品和创作物品,让他们感受到自己的学习价值。例如稻田实验中,在金黄的稻田中构建名为"秋波"的艺术装置设施,寓意着丰收。"秋波"之下是孩子们的奔跑嬉戏的场地与同学们休憩交流的场所(图6-24、图6-25)。

6.5.4 "亲自然性"游戏场地材料使用

相比游戏型场地和室内教室,教育型花园为更多种类的学习活动提供了机会,学习的可能性和主动性是教育型花园户外学习理念的体现,而松散材料及其存储设施为这些非预设性的、潜在的学习提供了大量机会,是构成实验型学习空间的关键要素,一个提供各种松散材料的空间为儿童创造了一个可以探索自然界中丰富奇妙样本的环境,满足儿童的实验式户外学习。

(1)松散材料

松散材料是指可以随意操纵的材料。观察儿童在创智农园等教育型花园中的行为时,我们发现许多儿童容易被松散材料所吸引,他们总是弯腰捡起不起眼的碎石并拼出图案,会探索木棍如何立在桌子上面,他们常常握着大片梧桐树叶走来走去,会把地上掉落的松果当作游戏的武器,他们会对自然界的松散材料物尽其用,一物多用,这突出了松散材料对儿童的重要性,它鼓励了更多创造力和想象力的发挥。

有的松散材料可以从场地本身自然产生,如泥土、果实、鹅卵石、种子、草、小枝、树叶等;其他的天然材料也可以带进来,比如贝壳、榛木棒或小块木材。除了天然材料外,一些人造物品还提供了丰富的学习机会,例如防水布、管子、绳子、板条箱、粉笔、木板和细木工边角料(图6-26、图6-27)。

图6-26 儿童在田园艺术季"摸鱼"活动中在泥水里快乐玩耍
(图片来源:IUG)

图6-27 儿童在田园艺术季活动中使用泥沙自由搭建
(图片来源:IUG)

图6-28 To Yard(撒花园)立面生态景墙及3D打印技术展示

(图片来源:IUG)

（2）搭建材料

常见的容器材料有塑料、陶罐、木板、砖块四种，更常使用的是木板和砖块。便宜的塑料罐在紫外线照射下会变质，陶罐会很快干涸。木质容器容易腐烂，但红木和雪松具有相对的抗腐性，不用染色或喷漆就可以使用，木制容器的一个优点是它们可以按照适合位置的大小和形状建造，但要注意种植可食蔬菜不能使用化学防腐木等材料。砖块通过堆砌能形成容器，砖块有一种自然的乡村感，其中空心砖的景观效果最好，不仅能围合出种植区域，多个空心砖本身就能形成有韵律感、方便分类的小种植空间（图6-28）。

不常见的材料为回收材料的创意运用，事实上，只要能容纳土壤和具备排水孔的任何容器都可以作为园艺型学习空间的种植容器，创智农园就利用了废弃马桶和浴缸作为容器，其他常见回收材料还有旧轮胎、水管、水桶等。在特征要素的重要性评估中，回收材料的综合评分最高，相关利益群体都认为回收材料是教育型花园的关键组成要素，在儿童行为观察中，也可以发现儿童容易被轮胎、马桶这样的回收材料容器所吸引；但在使用回收材料的时候，要注意不要把可食蔬菜种植在轮胎等有化学污染风险的材料中，避免可食蔬菜在容器材料降解的过程中吸入化学物质。

6.5.5 "亲自然性"游戏场地种植设计

（1）植物选择

自然型游憩场地的植物要尽量选择乡土品种，另外，要尤其注重其自然教育价值，根据功能需求合理搭配植物。教育机会主要分为五类：形态特殊和颜色特殊能对儿童产生视觉吸引，让儿童建立对自然的欣赏和情感；形态特殊还能引导儿童进行一定的视觉联想，从而增强想象力和创造力，如狗尾巴草与尾巴，玉簪花与玉簪。气味特殊不仅能给儿童独特的感官体验，某些芳香植物还具有疗愈的作用，如迷迭香和薄荷能提神醒脑；某些芳香植物还能提供简单的手工实践机会，如柠檬和薄荷泡水。生活关联能增加儿童的学习兴趣和好奇心，如儿童日常饮食的蔬菜和水果，父母烹饪用的香料等。文化关联能提供文化教育机会，如芋头与中秋节，芭蕉与诗词，杨梅与成语故事，牵牛花与儿歌等（图6-29）。

另外，当空间将被儿童弱势群体使用时，要注意避免使用有毒有害的植物（例如曼陀罗、马缨丹、鸢尾、凤仙花、龙舌兰），儿童比成人更容易受到植物毒素的影响，而且在教育型花园中他们被鼓励运用所有的感官去探索周围的环境，他们会触摸和闻植物。除了有毒有害植物，还应避免使用带刺植物（例如玫瑰、山楂、木瓜海棠）、锋利的边缘（某些草特别有害）或刺激皮肤的物质（例如大戟）。

图 6-29 儿童使用自然材料进行 DIY 的活动现场
（图片来源：IUG）

（2）种植容器

园艺型学习空间更多为容器式花园，即植物是种植在地面上而不是地面下，使用容器建造抬高式花园的优点是，即使场地的土壤条件很差，也能通过在容器中使用外部优质土壤来种植，同时容器设施避免了杂草等的入侵，在底部设置防护网等还能防止老鼠等从地下钻入。另外，容器式种植不仅能展现都市花园的精致和特色，还可以利用容器方便地对种植区进行分类，方便儿童的户外学习。因此，容器类设施是园艺型学习空间的关键设施。容器设施需要考虑的参数分别为容器高度、土壤深度、容器长度和宽度、边缘宽度、容器间距。其中，合适的容器高度不仅能避免长时间弯腰或蹲下观察的不舒适，还能让儿童觉得更加亲切。户外学习多为立姿作业，立姿作业的工作面高度应以站姿肘高为参考高度，同时考虑到容器上方所种植物的高度，容器高度应略低于肘高。为节约土壤，可通过木棍等支撑设计抬高种植床的高度。若场地为混龄使用，可设置不同高度的种植区，满足不同年龄的儿童的需求，甚至设置少量满足成人教育者高度的种植区。其中土壤的深度应基本等于容器高度。与此同时，容器长度和宽度也需要根据功能具体考虑，一般认为狭窄的种植床更有利于儿童的户外学习，因为这样儿童的手可以更好地触碰到种植床的中心，可在一定程度上避免踩踏土壤。此外，容器边缘宽度是最易被忽视的一个参数，但其对户外学习起关键作用，当边缘宽度足够宽，可以形成工作台或工作面，儿童可以利用这个平面放置手肘、进行写字绘画等，此工作面还可用于放置一些教学素材或工具。因此，在选择或设计容器时，可拓宽其中一个边界的边缘宽度作为工作面。为更好地促进儿童间的交流和互动，容器之间应能同时容纳两位儿童背对背停留。

6.5.6 案例分析：浣花溪自然型儿童游戏场地

（1）场地特征

浣花溪是和合社区公园中的一个自然型儿童游戏场地，位于上海市奉贤区解放东路北侧，场地为线性带状空间，长约400m，宽度约30～50m，相邻5个小区及1个幼儿园，上位规划中，该场地原规划河道，连接浦南运河。后因各方面综合原因，取消河道设置（图6-30）。基于城市角度，项目邻近浦南运河，位于十字水街区域，承担奉贤水脉渗透、绿带贯通的重要功能，所邻解放东路更是奉贤区重要的形象展示干道；基于社区角度，项目是市民家门口的公园，需满足15分钟社区生活圈的公共服务，方便社区居民游憩和社交，打造人性化、温度感、无边界社区公园（图6-31）。

（2）自然改造工程

浣花溪占地面积约2000m²，摒弃了常规的混凝土池底，采用黄泥+土工格栅的技术方法形成软景池底，再通过一层层置石跌水坝，回填种植土，两侧驳岸形成缓坡，种植具有生态功能、观赏特性的植物，池底种植矮苦草的方式形成兼顾调蓄、净化、观赏功能的自然生态水系。随着水系的建成，既满足了上位规划中场地规划河道承担城市雨洪调蓄的功能，也为社区儿童提供了一处户外自然科普课堂，真正实现了人与环境、自然的"和合"共处。

（3）自然生境营造

花溪采用了300余种植物品种，呈现出缤纷花丛、小溪石墩、绿植环绕、蝶飞蜂舞的生态景观，记录到的鸟类、昆虫等各类野生动物50余种。在这里，儿童可以观察植物的四时变化，与青蛙、蝴蝶、蜻蜓等动物进行一次自然之旅，也可以邀上三五好友探索花溪的自然秘密。总之，这里有数不清的自然故事，等待儿童来发掘与书写（图6-32、图6-33）。

6.5.7 案例分析：泡泡公园

（1）前期分析

泡泡公园位于上海市奉贤区上海之鱼南部，南面浦南运河，东临金汇港，西接沟通河，北至秀竹路。公园总面积21hm²，立意来源于"鱼吐泡泡"的设计构思，与场地现存雕塑作品"上海之鱼"交相呼应，是一座集观光旅游、生态休闲、园艺体验、儿童拓展、滨水漫步等众多功能于一体的浪漫"大花园"，已经成为南上海的"城市客厅"，市民、游客随时可及。泡泡公园整体从东到西的四大分区依次为：聚贤园、儿童园、水景园、秋景园，是一处"树的世界、花的海洋、鸟的天堂、云的故乡、人的乐园"。

儿童友好的开放空间构建

图6-30　改造前鸟瞰图
（图片来源：绿文）

图6-31　改造后鸟瞰图
（图片来源：绿文）

第六章　自然环境与儿童友好开放空间

图6-32　浣花溪自然生境
（图片来源：绿文）

图6-33　儿童在水边玩耍
（图片来源：绿文）

117

(2) 觅野溪儿童自然游戏场地设计

觅野溪为场地中一条长度约 200m、宽度 3~6m 的旱溪，水域总面积约 1000m²。犹如花丛中一条飘逸的丝带。溪流东高西低，汇入西侧的生态池塘，经池塘过滤净化后注入浦南运河。溪水边草木茂盛，溪流或明或暗，昆虫、小动物们常常在此聚会。根据这里特殊的水环境，以蝴蝶、蜻蜓等昆虫的栖息地营造为对象，形成了8处生境观察点，可供开展面向3—12岁儿童的自然教育活动。

场地在设计和建设过程中注重对原生环境的保留，在保留原生水塘的基础上，模拟自然中被山谷雨水冲刷出的溪流地貌，水体蜿蜒 200 余米，溪流中散落多孔隙度的炮弹石，局部置有小洲。同时场地按海绵城市要求，将"雨水花园"的设计理念融入景观造景中，为游客打造自然有趣的生境花园（图6-34）。水体两岸地被植物主要以水陆两生的水生植物、开花灌木和观赏草为主，为昆虫、鸟类等动物提供食物和栖息地，增加城市生物多样性，不仅适合欣赏四季风景，还为亲子家庭探秘自然提供了科普基地。引种近 400 种乔木、灌木、藤本及草本植物，形成层次丰富的植物景观，同时还涵盖观花、观叶、观果、蜜源等多种植物类型（图6-35）。同时，结合场地丰富的自然生态资源条件，形成包括蝴蝶泉、巨木岛、蜥蜴岛等在内的八大儿童自然体验场景。同时依托场地丰富的自然资源，为儿童提供丰富的自然活动场景以满足其亲近自然的需要，激发其对于自然的探索。结合丰富多样的儿童自然教育活动，让儿童形成自主发现知识、接纳知识的习惯，利用自然体验建立儿童对自然的认知体系（图6-36）。

(3) 森灵岛儿童自然游戏场地

森灵岛位于泡泡公园东部，总占地面积约 5660m²。保留场地原有风貌，利用原有河道支流形成现状湿塘，作为观赏自然潮汐等科普教育的户外课堂。场地以保留现状丛生香樟形成水中小岛为特色，形成岛上自然的林下空间（图6-37）。森灵岛通过水上栈桥这一唯一通道建立小岛与公园之间的连接，场地四周环水的独立自然属性为儿童活动提供了安全保障。同时小岛上视野开阔，通过植被围合及景观小品的营造，形成安全且私密的活动场景。森灵岛上林地、自然植被、水域等生境资源完整且丰富多样。岛上自然环境以保持原生状态为原则，保留现状丛生香樟及原生植物形成丛林密闭的林下空间。同时小岛四面环水，形成了丰富的水生植物景观带（图6-38）。场地以选用自然生态的材料为原则，利用汀步石、树枝围栏、自然编织的篱笆及丰富的植物群落形成多个尺度适宜的小空间，营造丰富多样的户外互动体验场景。总体形成了一处自然野趣的水上小岛（图6-39）。

第六章 自然环境与儿童友好开放空间

图 6-34 觅野溪水生植物群落 1
（图片来源：绿文）

图 6-35 觅野溪水生植物群落 2
（图片来源：绿文）

119

图 6-36 觅野溪儿童自然体验场景
（图片来源：绿文）

图 6-37 森灵岛儿童自然游戏场地
（图片来源：绿文）

第六章 自然环境与儿童友好开放空间

图 6-38 森灵岛自然资源
（图片来源：绿文）

图 6-39 森灵岛儿童自然游戏场地
（图片来源：绿文）

121

下篇

儿童友好的开放空间：
设计标准

第七章　儿童游憩环境的安全设计

　　安全是儿童游戏场地设计不可或缺的基础，直接涉及儿童的生命安全和身心健康。第七章着眼于安全问题，首先对相关概念进行深入辨析，包括意外伤害、安全隐患以及安全防范这三个核心概念。这有助于更清晰地理解安全在儿童游戏场地设计中的角色和意义。同时，强调在确保儿童安全的前提下，要平衡游戏场地的趣味性和风险性。这意味着将深入研究如何在儿童游戏场地的设计中保障儿童的安全，同时又不剥夺他们在游戏中探索、成长和挑战自己的机会。为实现这一目标，我们将从多个方面对儿童游戏场地的安全设计进行细化讲解。

　　首先，儿童活动场地的周边环境（包括场地的位置选择和周围社区的特征）是重点关注内容。合理的场地位置可以降低交通事故的风险，而周围环境的友好与否也影响着儿童的游戏体验。其次，深入研究儿童游戏场地的内部空间和设施也是需要重点考虑的内容（包括游戏设备的设计和摆放），应确保其符合儿童的年龄和能力。同时，场地的可达性也是重要的考量内容，以确保各个年龄段的儿童都能够参与游戏。在铺装和材料方面，探讨如何选择安全的地面铺装和材料，以减少跌倒和伤害的风险。这包括防滑铺装和抗紫外线材料的使用。最后，管理和维护方面也是安全设计中重要的组成部分。儿童游戏场地需要定期检查和维护，以确保设施的安全性和耐用性。管理维护团队的培训和计划也是保持场地安全的关键因素。

　　通过深入研究和细化这些安全要素，我们将能够更好地理解儿童游戏场地的安全设计原则，为儿童提供一个更加安全和有趣的游戏环境，同时为城市规划者和设计师提供宝贵的指导，以确保儿童友好型游戏场地的成功创建。

7.1　安全概念及安全标准

　　儿童在游戏场地中进行户外活动存在受到意外伤害的风险，游戏场地的环境本身也会存在一定的安全隐患，因此，本章节将对相关概念进行辨析，以便更好地界定和更明确地描述儿童活动场地中潜在的游戏风险。

7.1.1　安全相关概念辨析

（1）意外伤害

　　意外伤害(unintentional injury)是指突然发生的各种事件或事故对人体所造成的损伤。这种损伤可以是对躯体的损伤，也可以来自心理或精神上的创伤。其后果可能引起身体某些部位的暂时性伤害，也可能造成永久性的残疾，甚至导致死亡。本章节实证研究部分的主要工作是识别目前城市公园儿童游憩过程中经常遭遇的意外伤害类型和相关特征。

（2）**安全隐患**

安全隐患（accident potential）指在日常的生产过程或社会活动中，由于人的行为、物的变化以及环境的影响等原因所产生各种各样的问题、缺陷、故障等不安全因素。辨别安全隐患的前提条件是其具不具备生产激发意外伤害潜能的条件。本章节中所分析的安全隐患指的是在城市公园儿童游憩场地中可能造成儿童意外伤害的潜在不安全状态或缺陷。安全隐患是内涵性的要素，需要透过现象才能进行判定。基于安全隐患的内涵性，其挖掘和辨别工作不同于一般的研究流程，需要从大量采集的现象（本章节指意外伤害）中通过分析演绎的方式进行挖掘和辨别。

（3）**安全防范**

安全防范（safety protection）指通过保护行为以避免受害，从而使被保护对象处于没有危险、不受侵害的安全状态中。安全是目的，防范是手段，安全防范的本质是通过防范的手段来达到或实现安全保障的目的。本章节中的安全防范指针对安全隐患所提出的空间提升策略和建议。

7.1.2　国内外儿童游戏场地安全标准发展

儿童游戏场地相关标准的建立意味着人们对于儿童游憩安全问题的关注和重视。欧美的专家学者对于儿童游戏场地的标准化设计积累了一定的研究成果。如在《简捷图示儿童建筑环境设计手册》中，琳达·凯恩·鲁思（Linda Cain Ruth）详细给出了人体测量学的具体数据以及其他相关重要信息，使得研究儿童户外活动的安全性有了一个量化、参照数据的模式，大大丰富和提高了相关设计方法的理论指导研究和设计可实际操作性。丰富的理论研究推动了国外儿童游戏场地的安全相关标准的建立和完善。美国以及欧洲在儿童游戏场地标准发展方面处于领先位置。

（1）**美国**

美国对于儿童活动安全防范开展了许多工作，包括制定针对游戏场地的安全规范以及对于场地铺装和设施的监控和检测。1981年美国消费品安全委员会（USCPSC）出版了《公共游戏场地安全手册》(Handbook for Public Playground Safety)，为儿童游戏场地的安全设计提供了权威性的规范。该手册涵盖了儿童设施、铺设、监管等多方面的安全指南，并且基于国家电子伤害监督系统（NEISS）提供的最新伤害事件信息记录以及美国试验材料学会（ASTM）的实验数据进行多次修订，为当地的儿童游戏场地安全起到了保障和引导作用。目前美国游戏场地设计受消费品安全委员会（CPSC）、美国材料实验协会（ASTM）、美国残疾人法案无障碍指南（ADAAG）等部门及相关标准约束。

（2）德国

目前欧洲最权威的标准体系——欧洲系列标准(European Norm)是欧洲儿童活动场地安全设计的主要依据和参考，由欧洲标准化委员会(European Committee for Standardization)制定，共颁布了 EN 1176 "游乐设备和地面设施"(Playground equipment and surfacing)（共 8 册）和 EN 1177"减震游乐场铺面：临界跌落高度的测定"(Impact attenuating playground surfacing：Determination of critical fall height)等多部儿童获得场地设计标准，内容包括了游戏设施（滑行类、索道类、旋转类、摇摆类、攀爬类等）和场地铺装材质的设计准则、检验方法、安装程序以及维护操作。标准详细阐述了各类设施与铺装的定义，基本和特殊安全需求，并且以量化指标和图示化的方式进行说明解释。EN 标准的权威性体现在作为欧盟成员国国家标准的上位规定，即成员国的国家标准必须与 EN 标准保持一致。

在欧洲各国儿童游戏场地专类国家标准体系中，德国安全要求标准具有一定的代表性。德国标准化学会(Deutsches Institut für Normung，简称 DIN)具有悠久的标准化工作制订经验，从 20 世纪 90 年代起，德国标准 DIN 系列 7926"儿童游乐设备"就已经成为当时欧洲各国游乐设施的主要参照标准之一，并为 EN 1176 和 EN1177 两部欧盟标准的制定提供了参考依据。目前除了德语版欧盟标准 DIN EN 1176 和 DIN EN 1177 以外，德国还拥有包括 DIN 18034"游乐园和露天游乐场：项目计划和运作的要求和说明"（Spielplätze und Freiräume zum Spielen：Anforderungen für Planung, Bau undBetrieb）和 DIN SPEC 79161"游乐场检测—游乐场检测员的资质"（Qualifizierter Spielplatzprüfer）等多部国家标准，内容涵盖了儿童游戏场地从选址确立、设计施工到后期管理的各个环节。

为了应对儿童在户外环境中可能面临的各种危险，德国儿童游戏场安全标准体系主要具有全面性的内容特点，涵盖了与儿童游戏场建设和运营相关的所有环节，使各利益相关部门与机构在实践中能够找到对应的指导依据，对于实际流程中的危险防范具有很强的参考性。根据类型和内容，德国安全标准体系总体上可分为 2 个层面：①综合型标准，即从宏观角度对儿童游戏场建设中的各个环节提出原则性的指导意见，涉及场地选址、空间布局、游戏设施等，如 DIN 18034"游戏场和户外游乐场—规划、建造和运作的要求和说明"；②专项型标准，即针对儿童游戏场中最容易引发事故的主要设防对象（如游戏设施、铺装等）给出量化指标参考或详细的流程导则，如 DIN EN 1177"游戏场减震地面铺装——临界跌落高度的测定"。德国安全标准体系与实际操作环节的高度契合集中体现在其与儿童游戏场建设过程中的选址评估、设计施工、管理维护等实施阶段均形成了明确的对应关系，按照每个阶段制订了宏观层面的指导原则、中观层面的防范措施以及微观层面的安全指标（图 7-1）。这种分阶段制订导则的方式，既满足了大部分儿童游戏场的普适需求，又实现了对易发生危险区域的针对性防范，从儿童游戏场地设计到管理的各阶段形成全面的防护机制。这种全流程、全方面的防护机制可以为设计师的设计提供更加可靠的参考。

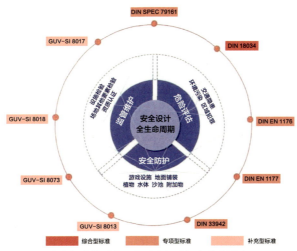

图 7-1 安全标准体系在儿童游戏场建设中的全面应用

（3）中国

我国关于儿童户外游戏场地的安全标准可以划分为两大体系，一类为专项安全标准，主要针对游乐场设施的设计、制造、安装、检验、维护和后续管理提出需要遵循的要求并且明确责任方。另一类为分项安全标准，通常出现在与儿童使用相关的城市公共空间规划设计标准的分项中，内容主要针对场地选址、空间规划、功能布局和景观要素设计，所涉及的儿童活动场所有公园、托儿所、幼儿园、中小学和居住区。总体来看，我国现有儿童户外游戏场地相关标准更加偏重对于大型游艺设施的规定，从设计到管理形成了较为完善的体系；而小型游乐器械场地从前期设计到后期管理方面的相关标准仍有待完善。《公园设计规范》GB 51192—2016 等规范中都有涉及儿童人群的安全要求，其相关内容主要通过描述性语言来规定基本指导原则，在定量要求和数据指标方面还有进一步提升的空间。除此之外规范之间缺乏系统的梳理和整合，容易造成内容的错漏或矛盾，如《公园设计规范》中指出"游戏器械下的场地地面宜采用耐磨、有柔性、不扬尘的材料铺装"，而《居住区环境景观设计导则(2006 版)》中在居住区"路面分类及适用场地"一项中对"弹性橡胶路面""合成树脂路面"只要求适用于露台、屋顶广场和体育场，对居住区内道路、游戏场和广场这类儿童容易发生伤害的场所的地面铺装方面却并没有加以要求。因此我国儿童户外游戏场地安全设计的相关标准有待从儿童本身出发，根据其活动的空间场所和类型，进行系统地完善和更新。

7.2 儿童游戏场地区位安全设计

7.2.1 儿童游戏场地区位安全设计

专门活动场地，非专门活动场地，儿童都可以去玩耍、嬉戏。场地的选址直接影响到安全性设计。儿童游戏场地规划层面的选址评估主要遵循危险源评估、独立性评估、便捷度评估、环境气候评估等方面。首先应避免选择有潜在危险源的区域，包括水体、坡地、成人活动集中的地方，防止儿童在游戏过程中因为好奇或其他原因接触到环境危险。其次，儿童游戏场地本身应尽量减少与其他活动空间发生交集，尤其是成人健身区，以保证场地环境内的所有要素符合儿童的使用习惯。第三，儿童游戏场地应方便到达，靠近公园的主入口或核心活动区域，便于家长看护，防止儿童走失。第四，儿童户外游戏时受环境气候影响，尤其是日光暴晒会导致游戏设施和地面铺装表面温度急剧升高，造成儿童皮肤灼伤。因此在选址阶段应尽量利用周边自然条件减弱不利气候所带来的活动限制，包括植物环境、地形地势等要素。

儿童户外活动场地应该有其相对独立循环的空间。同时要尽量远离居住区的主干道，避免儿童突然冲入街道造成的交通意外；另外，场地选址上要避免儿童户外活动时对周边住户产生的噪声影响。要确保入口和出口容易找到，并与外面的主要道路和交通要道很好地连接，不能占用消防通道。避免在出入口附近和内部街道上设置，要阳光充足，有良好的微气候，并远离一些尖锐设施及垃圾点，以免夏天蚊虫叮咬和尖锐物体的潜在伤害。儿童户外活动场地应选择位于居住区的公共活动空间之中，动静结合，老人健身区和儿童场地可结合起来，做好分区，有利于家长以及邻居的监督与看护。儿童户外活动场地要有良好的可达性，避免视线障碍，方便儿童、家长的到达，从家到活动场地的步行时间应该控制在 5 分钟之内。儿童活动场地应不被栅栏包围，儿童更希望在广阔的空间玩耍。儿童精力充沛，是环境的主人，而不应受环境限制。活动场地还应分割出多个区域，注重边界设计，有独立的通道。也可以利用自然资源如灌木丛将其隔开，适当进行屏蔽，提供更多样的不受外界干扰的空间，培养儿童的综合素质。同时，要考虑场地设点的串联性。

如果有足够的空间，并且在安全性有保证的情况下，在活动场地中可设计供轮滑、骑单车、滑板车的地方。由于中型和大型的单车、轮滑鞋与其他具有危险速度的设备，对健身场地的其他人有危险，因此要设计专门的路线与其他区域隔开。这些路线可以和主要通道平行或者完全没有联系，并且要有明显的区分界线。应设计单车道；如果没有单车道，放置单车的地方应在靠近住宅入口的地方，以方便人们拿取。单车道还应该有清晰的界线标明。

其他游憩空间布局控制在规划阶段也应适当考虑儿童的需求。从整体空间设置而言，在不影响其他人群的公共利益和公园整体景观诉求的基础上，可以考虑为儿童户外锻炼类的活动需求创造更加安全的游憩环境，适当增设运动类场地，提供同类活动集中空间，避免儿童与其他人群因共用场地而发生冲突。在公共空间规模有限或不支持设置运动类场地的情况下，广场空间是儿童进行体育运动的主要空间载体。建议在空间控制时采取大空间集中、小空间分散的原则。核心广场作为公园中的标志性场地，通常会吸引各类游人聚集活动，因此在规模控制时应尽量保证一定尺度的规模，满足不同人群各自为营的空间划分；其他广场空间则以分散独立的小尺度硬质空间为主，通过小空间引导人群自动进行活动分离，从而降低儿童与其他人群发生活动冲突的可能性。

7.2.2 儿童游戏场地周边社会安全隐患防范

社会环境安全主要是指在居住区户外活动的儿童的安全防护需求，防范可能对儿童产生不利影响的"潜在犯罪"。防卫安全的主要对象是针对儿童的"潜在罪犯"的犯罪行为，主要体现在对儿童户外活动环境的日常监督与对犯罪活动的防卫。场地安全性中最重要的一点是对场地内部的潜在犯罪行为的防范，尤其是针对儿童的犯罪防范。一般来说，如果儿童户外活动环境的空间属性是经常被人使用的空间，那么儿童在这样的环境中活动的安全感更高；其次，是对于儿童户外活动时的自然监督，也就是环境视线需要可通达，方便家长或是住户对儿童的看护，从而避免针对儿童的潜在犯罪。

（1）环境形象

通过对儿童户外活动环境的暗示以避免其发展成消极空间，使环境呈现出积极向上的形象，从而预防犯罪。

在现实生活中，一些儿童户外活动环境设计由于未被赋予特定的使用功能而成为消极环境，这类的空间环境都应该加强环境暗示。比如说，一些户外儿童活动环境长期处于建筑阴影之下，导致植物长势较差，微气候条件不尽如人意，从而使得此类活动环境无人问津，"潜在犯罪"的可能性增大。对于此类儿童户外活动环境的暗示首先应从改善其外在形象做起，定期打扫卫生，搭配一些色彩艳丽的喜阴植物，营造出积极健康的环境形象，暗示此类环境的潜在管理机制，以此来预防犯罪。

（2）空间布局

不同的建筑布局模式形成的空间感不同，形成的出入口数量也不同，产生的空间领域感不同。一般来说建筑围合感强的空间领域性更强，其对罪犯的心理压力也就越大，预防犯罪的可能性也就越大。另一方面，户外活动环境设计的出入口越多，为犯罪分子进入与逃窜的路径也就越多，"潜在犯罪"的可能性越大。

现代城市居住区的布局模式以高层点式为主，空间布局分散、建筑间距较大，空间的围合感较弱；内部高密度的人口都以自我为中心，避免邻里交往，使得户外活动环境的使用频率较低，户外活动环境中人流量的降低也使得其可防卫性降低，儿童在户外活动遇到"潜在犯罪"的可能性增大。因此，儿童户外活动环境的设计应考虑围合式布局，减少出入口数量，增强空间领域感，形成有效合理的围合式空间，罪犯就会觉得在这样的空间中进行犯罪是不理性的，从而达到防卫安全的目的。

（3）户外环境的监视

户外环境的视线通达性是影响地区犯罪率的一个重要因素。视线环境好的地区，使用者可以观察到区域内部的日常活动，在发现可疑行为时能够有效制止；而视线条件较差的地区就存在为犯罪分子提供实施犯罪、藏匿和逃窜的可能。一方面，儿童活动场地的位置安排要考虑到住宅建筑的门窗位置，要让住户能够监看到户外儿童的活动，注重植物种植、建筑布局与道路的关系，在居住建筑窗户的位置不能设计遮挡视线的设施或是植物，这类似于雅各布斯提到的"街道眼"对于犯罪行为的抑制影响；另一方面，儿童户外活动环境与户外的其他空间应保持一定的视线关系，避免由于高大的植物或是公共建筑、设施遮挡视线上的联系，避免出现视线上的死角，要使儿童的户外活动环境相对于居住区其他功能建筑有良好的视线空间，提高儿童户外活动环境的可视性。

可视性的设计对犯罪有预防作用，提高儿童户外活动环境的可监视性也可以来预防犯罪，比如人为加强对户外活动环境的控制，将儿童户外活动空间放置在公共活动区，由专人或是社区居委会人员做相应的监督保护工作，这样主动与被动相结合就能有效地增强儿童户外活动环境的安全感。提高户外活动环境的可监视性也能满足家长对于儿童在户外活动的监护要求，家长可以随时观察到儿童户外活动的情况，提高儿童活动的安全性。

7.3　儿童游戏场地内部空间和设施中的安全设计

7.3.1　游戏场地内部空间布局的安全设计

以日本、德国、美国相关儿童活动场地面积标准为参照，本书建议儿童活动场地的设计应结合儿童人均活动面积、服务半径和公园规模等综合因素确定。首先确定城市公园儿童游戏场地规模时以儿童人均活动面积×公园服务半径内儿童人群的数量的公式作为参考。其中公园服务半径内儿童人群的数量指公园边界延伸部分覆盖的居住区域儿童人口数量，区域性综合公园的服务半径通常为 1000～1500m，而社区公园的服务半径为公园边界向外延伸的 300～500m。其次，城市公园作为公共性质的城市开放空间，在游憩功能和规模控制上需要考虑各类人群的需求，根据相关研究，城市区域性综合公园的儿童游戏场地规模占公园总规模的 5%～8% 为宜。

此外，不同年龄阶段儿童的活动能力以及对于游戏活动的需求不尽相同，而保障儿童游戏场地规模需求是满足不同年龄儿童游戏需求的根本前提。在规模控制基础上所进行的儿童游戏环境规划能够更好地进行游戏设施的选择以及空间划分等环节，避免场地拥挤所带来的一系列布局上的限制。

地形的安全设计，通常以自然地形为基础，整治地形，处理水系，从而塑造优美意境。陡峭地形对空间的有很多限定，危险性也增大；微地形给予空间变化，且安全感高。因此，在居住区总体环境设计上，地形尽量以缓坡处理，减少台阶。特定空间的陡峭地形，需增加儿童的无障碍设计，并做护栏防护。

儿童活动场地的选址通常位于平地，因此地形对儿童的行为安全的影响不大，但微地形的设计处理成为儿童心理安全的积极因素。儿童活动场地的微地形处理，可以结合原有地形"堆草坡，建滑梯，挖沙坑"，从而创造丰富的趣味空间，以利于儿童的身心发展。

7.3.2 儿童游乐设施的安全设计

（1）儿童游乐设施的安全尺寸

根据不同年龄段儿童的身体尺寸设计建造游戏设施是保障儿童游戏安全的重要途径。儿童在游戏过程中是一个动态发散的状态，因此除了需要参考儿童静止状态下的身体尺寸，还应将儿童的各种动作尺寸，包括坐、爬、走、钻时的人体尺度纳入考虑。此外，游戏设施在设计时需要从儿童使用尺度及行为特征角度出发，对跌落、挤压、碰撞和其他潜在陷阱等问题进行规避。目前公园中常见的游戏设施有滑行类、摇荡类、震荡类、攀爬类以及上述类型游戏设施进行搭配设计形成的组合类。其中安全高度则是所有游戏设施设计中最重要的指标，1.5～4m之间的离地高度是相对安全的范围。除此之外，不同类型的游戏设施应根据各自的游戏特征满足相应的防护指标。

滑行类：主要指各类滑梯，是目前公园儿童游戏场地中最常见的设施类型之一，在进行设计时需要满足滑梯起始段、滑行段和出口段相关尺寸的基本要求。除了满足自身尺寸要求外，滑梯出口段至少向外延伸一定距离作为滑落时的缓冲区域。

摇荡类：主要指上下左右摆动的器械，秋千是公园里常见的摇摆类设施，受到各个年龄段儿童的喜爱。根据尺寸可分为一般规格秋千和儿童专用秋千，后者指跌落高度不超过1200mm，供身高低于120cm儿童使用的。在儿童秋千中根据结构特征又可分为以下几种类型。

单转轴秋千：枢轴或铰链为单转轴，垂直于横梁摆动的秋千；

多转轴秋千：枢轴或铰链为多转轴，平行或垂直于横梁摆动的秋千；

单点秋千：绳子或链条固定于一点旋转摆动的秋千。

相对其他游戏设施而言，秋千在游戏过程中的不稳定性和冒险性较大，需要在成人陪同监护下使用，并规定秋千座椅的限定人数。

震荡类：主要指通过中心支撑或圆弧形支撑的刚性部件，摇晃产生运动的设施。常见的震荡类游戏设施有摇马和跷跷板两大类型。这类游戏设施可以锻炼儿童的身体平衡力能力，适合低龄儿童使用。震荡类设施的关键尺寸包括最大跌落高度、最大斜度和最小离地距离，不同类型的设施需要满足的安全指标存在差异。

攀爬类：主要指以训练向上攀爬动作，锻炼儿童肌肉力量和协调能力的游戏设施。由于攀爬类设施对于儿童的身体素质要求较高，游戏竞争性大，可能导致儿童之间的碰撞危险。因此除了单独的攀爬设施外，在公园儿童游戏场这类非专业素质训练场地中攀爬设施通常会与其他游戏项目结合在一起，以降低游戏的冒险性和危险性。攀爬类设施造型多样，常见的有拱形攀爬架、网格穹顶攀爬架、攀爬网（图7-2）、高低杠、滑动杆、螺旋攀爬架、竖向攀爬架等形式。所有类型的攀爬设施首先需要满足跌落高度，这里的跌落高度指攀爬设施最高处至保护地面的距离。对于3岁以下儿童来说攀爬设施的最大跌落高度应小于0.8m。攀爬设施的周边需要预留出一定范围的附加区域，以防儿童跌落时与他人发生二次碰撞。此外在进行设计时还需考虑不同类型的攀爬设施所适应的儿童人群，尤其是一些训练上肢力量的设施是不适合幼儿使用的（图7-3、图7-4）。

图 7-2 攀爬墙和攀爬网下的防跌落缓冲沙池
（图片来源：季高）

图 7-3 跳床周围的防磕碰地面软包工程
（图片来源：季高）

图 7-4 无动力卡丁车弯道指示和防护栏
（图片来源：季高）

（2）游乐设施细部设计要点

游戏设施的尖角、突出物和缝隙是细部设计的重点防范对象。参考国内外设施设计标准，游戏设施的构件端头、转角处或造型装饰宜以弧线和圆角为主，以曲面和圆滑的细节代替尖锐的直角和直线。同时，链接处向外突出的金属构件应做适当包裹处理，避免直接裸露在外部与儿童的身体或衣物发生接触。

7.3.3 游乐设施的安全距离

儿童游乐场地的意外伤害包括在小区健身器材上被夹伤、意外摔伤、被滑梯栏杆夹伤、从游乐设施上摔伤、玩小型摇摇乐及转盘时摔伤、钻进游乐设施被卡住等。

必须优先考虑游乐设备与景观构筑物、植物等周边环境之间的安全距离。随着儿童设施功能愈加丰富，儿童设施中有不同的竖向设计及活动平面空间的变换，当参与的孩子较多时，静止与动态儿童会产生不同的流线。如果设施之间的距离缺少有效的控制，那么玩耍过程中可能会出现碰撞的情况，周边构筑物与游乐设施本身也将成为碰撞跌倒的潜在威胁。

（1）游乐设施与周围环境的安全距离控制

游乐设施设计时要保证安全范围符合标准要求，一般情况下独立及组合游乐设施与周围需要保持一定的安全距离以避免孩子发生碰撞。经调研与观察，设施周边需要至少满足多名儿童独立活动的空间；此外，为避免儿童跌倒时与硬质构筑物碰撞的安全隐患，应当采用软化材料为邻近构筑物作表面处理。

（2）滑梯布置与周边安全距离设计控制

滑梯前方及其他有强制运动部件的安全距离应当着重考虑，并且不能与其他部件的安全范围重叠。当儿童由滑梯滑落时，不论滑梯连接的平台垂直距离有多少，都应考虑惯性及周边儿童活动的缓冲距离，并注意若有多个游戏设施，每个设施的安全距离应当分别划定，避免重叠。

（3）游乐设施竖向空间防跌落的安全距离设计控制

多数设计师认为游乐设施的滑梯平台宽度越宽越好，但是经过实际考察，如果平台的宽度过大，反而容易出现一些安全问题，主要因为若滑梯中的平台宽度过大，较小年龄的儿童在玩耍的过程中，可能抓不住旁边的栏杆，易出现摔倒及坠落的隐患。当然滑梯的宽度也不能够太窄，因此，需要合理考虑儿童的身高、手臂的长度以及身体的比例，从而设计出适合的宽度并设置相应的安全扶手栏杆。此外，滑梯类设施中螺旋升高的平台应在内侧增加T形扶手。

7.3.4 儿童游憩场地其他设施的安全设计

（1）平台与栏杆的安全设计

爬梯类设施的平台高度应按照相关标准设计，使用对象为 2—5 岁低龄儿童时尽量不设计爬梯，设计活动场地时，塑胶攀岩梯、梯田爬梯旁边不能设计与其距离过近的滑梯等部件。爬梯类设施的二层平台设计栏杆选择也应参照相关标准，栏杆、滑梯、平台间楼梯、滑筒部件下面建议尽量设计栏杆；平台高度差较大时，下层平台应考虑加装栏杆或挡板以及增加 T 形扶手。此外，门式手鼓不建议设置在平台上面；并且应注意，门式手鼓、大象挡板具有方向性，不可镜像拼装。

（2）休憩类设施的安全设计

游憩性设施的选址可以避开主干道，选择较长的步行路段或广场节点空间，通过平面安排和竖向布局为儿童提供一个安全、安静、舒适的休憩环境。每个广场可专设为儿童休息使用的椅凳、遮阳伞等休憩性设施。

儿童椅凳的尺寸大小应该满足儿童人体工程学的设计原理，儿童椅凳材质以选择木材质为主，木材易加工且亲和性好；有些新兴的塑胶材料也是儿童休憩设施的首选。遮阳伞防止儿童晒伤，而伞罩又能给儿童以空间限定，使儿童行为安全及身心健康得到保障。儿童座椅设置也可以与花坛、水池岸、石头小品等设施相结合，可以增加儿童休憩空间的童趣。为了保证儿童的行为安全，石头小品下方一定要设置软质地面。休息区域需充分考虑轮椅及婴儿车的使用需求，长椅旁边设计空地，以供使用者移动。

（3）安全照明类设施的安全设计

照明小品如路灯、地灯、射灯、景观灯等，是夜晚防卫安全重要设施。为保证夜晚儿童活动的安全，需要在转折变换处设置灯光，如水岸边、台阶、转弯处等，让场地环境中有障碍或有缺陷处清晰明亮，保障出行安全。在建筑转角、树丛下应提供照明，给儿童以心理安全感。其中路灯设置，道路节点的广场和密林幽谷区的照明最为重要。

地灯、景观灯等可以结合植物、景观小品设置，创造幽谧的空间，产生一种与白天不一样的趣味，并且注意灯具的造型设计，这对儿童的心理健康有积极作用。灯光需要一定的亮度，光线要求连续、均匀。灯具须保证质量，防止漏电击伤、灯泡高温烫伤儿童。

7.4 儿童游戏场地铺装及自然要素中的安全设计

7.4.1 地面铺装的安全设计

硬质景观如铺地，为儿童提供游憩娱乐的步行环境。儿童活动场地铺装主要包括广场空间及道路空间；材质亦较多，有石材、砖材、水泥、木材、大理石及塑胶等材料。道路表面要平整防滑，考虑竖向设计及材质搭配，从而提供一个舒适、安全的场地系统，以供人们活动。居住区步行空间的铺装边缘应该为无棱角缘石，防止儿童奔跑中摔倒而磕伤；亦可不设置路缘石，与草坪直接交接。

目前儿童活动场地地面铺装设计在安全性方面的考虑，主要体现在铺装表面的防护处理上，以保证游人在行走和活动中不易滑倒和摔跤。设计手法通常是运用表面具有纹理或比较粗糙的材质，如青石板、透水砖等，这些材料有助于增加地面与鞋底之间的摩擦。相比之下儿童游戏场地的铺装设计更加复杂，需要根据儿童的活动特征和景观意向合理选择并运用材料。铺装材料在儿童游戏过程中能起到防护和引导两方面的作用。

（1）防护

目前儿童游戏场地铺装以保护性材料（即软性材料）为主，目的是防止儿童摔伤或从游戏设施跌落受伤。根据欧洲系列标准"减震游乐场游戏场铺面：临界跌落高度的测定"(Impact attenuating playground surfacing：Determination of critical fall height)的规定内容，不同软性材料的性能所对应的最大跌落高度存在差异，因此在进行铺装设计时首先需要测定场地中游戏设施的最大跌落高度，确定满足要求的材料类型和相应的材料厚度作为候选。木屑、树皮、沙子、碎石等自然材料的保护性较好；橡胶合成类材料次之；而草坪保护性最弱，不适合设置跌落高度较大的游戏设施。其次，结合不同游戏功能和游戏特性，分析各种材料的优缺点进行合理选材。儿童在使用一些游戏设施时容易与地面发生碰撞，针对这些设施需要在铺装上做加固防护。

（2）引导

除了使用安全，铺设设计在视觉安全上也起到了重要的引导作用。首先在高差发生变化或台阶处，相同铺装材质的样式和色彩关系容易混淆视觉感知，导致使用者，尤其是儿童产生错觉发生摔倒甚至更严重的伤害。因此铺装材料在样式和色彩上的变化具有一定的警示作用，儿童对于色彩鲜明、图案有趣的事物更加敏感，过这个方式可以减少意外的发生。其次，利用铺装材料在质地、图案和颜色上的设计变化进行游戏场功能上的分区和使用上的说明。根据皮亚杰在认知发展理论中的描述，3—7岁儿童正处于前运算阶段（Preoperational Stage），这时他们通常开始使用象征符号来理解外部世界，表达自己的意愿，这是一个由感知运动图式向形象图式转换过程。因此相比文字形式的标识系统，图案和颜色更能传达活动安全方面的信息，易于儿童分辨合理的活动区域和使用方法。

7.4.2 自然要素的安全设计

（1）植物的安全设计

绿色是生命的象征，植物设计无疑是儿童户外活动场地必不可少的组成部分。乔木、灌木、草坪、攀缘植物和水生植物的搭配，能创造优美的意境，对儿童心理健康发展起积极作用。乔木合理种植，创造围合的植景空间，使儿童的活动更有领域感；灌木合理配置，打造模纹及趣味空间，使儿童更有亲切感；草地的合理规划，展示广阔的空间，接受更多的阳光，为儿童提供更广阔的玩耍游憩空间。同时应注意植物品种的选择，带刺植物、有毒植物，不宜在儿童活动场地种植。

儿童活动场地的植物配置强调亲切感，植物高度控制应与儿童不同的活动需求相适应。儿童休息区可以选择小乔木，形成围合空间；儿童运动区应选择小灌木，形成趣味空间。活动场地亦可以设计灌木迷宫、乔木树阵等，为儿童提供可参与性空间。儿童活动区选择生存能力强和易再生长的树木，不宜选择低分支点的大灌木，保证家长视线的通达性。活动场地周围低分支点大乔木应用护栏围合，防止儿童攀爬。落叶植物的种植，在冬天阳光可以透过树木射进林子里，在夏天可以挡住阳光，提供阴凉的地方。通过果树的种植，使儿童直观了解到四季的转变和生命轮回，增加活动空间的趣味性。

（2）景观水体的安全设计

水的灵动，给儿童活动场地的空间带来无限的活力。儿童活动场地水体主要分为利用自然水体和利用地形蓄水两大类。自然水体通常较深，驳岸设计至关重要；陡峭驳岸，生态围栏的防护必不可少；缓坡驳岸，采用"置石"等防滑措施，加强生态处理的同时，防止儿童滑入水中。驳岸设计应参照相关标准控制岸边水深。

由于戏水可以锻炼儿童的感知能力，在儿童活动区，通常具有少量供儿童嬉戏的水体，水体整体深度、水底的坡度、急流的坡度、缓流的坡度均应参照相关标准进行设计。此外，"动水"和"静水"相结合，浅水中可以设置"汀步"，增强儿童活动区的趣味性。居住区的亲水空间，建议设置缓坡并且设置护栏。无护栏的园桥、汀步附近的水深应严格参照标准设计。

喷泉是景观设计最主要的"动水"之一，给人带来极强的视觉愉悦效果。但是喷泉水通常是不安全的，这也是儿童水环境活动中最容易忽视的安全问题。景观用水多是中水系统处理过的水，通常为Ⅲ类用水；即使喷泉用水为自来水，但经多次循环利用，水质也发生了很多变化，也就是说喷泉等景观用水皆为不安全用水。再加上灯光等夜景效应，喷泉水还存在导电的安全隐患。因此，在儿童活动区为儿童设计戏水的喷泉，应严格保证其水质安全，定期更换，保证水体的洁净度，以提高儿童水活动环境的安全性（图7-5）。

第七章 儿童游憩环境的安全设计

图 7-5　上海季高兔窝窝亲子园互动水体设计
（图片来源：季高）

7.5　儿童游戏场地管理维护中的安全措施

儿童本身的行为不当是游戏过程中的重要安全隐患，然而也是成长和学习过程中不可避免的经历。儿童自身行为不当造成的伤害对于儿童而言是一种经验的累积和知识的认知。他们会在实践中知道什么是危险，今后遇到类似的危险情况如何将伤害程度减少到最低。分析儿童自身行为问题的目的在于了解儿童在游戏时的不安全状态的根本来源，让监护者能够对儿童进行有效的安全指导和教育，使儿童能够在危险中建立自我防护意识和能力。

7.5.1　儿童游戏场地安全管理

（1）安全防卫的公共管理

儿童户外活动的防卫安全和治安管理至关重要。居住区和公园为城市的公共场所，居住区级道路通常为市政道路，因此治安管理主要由公安武警人员承担。但居住小区的安全防卫主要是保安执行，小区门禁系统也有所必要。有的是小区整体有门禁系统，有的是组团门禁系统。安保人员应加强巡逻，尽量做到认识小区中的常住人员，从而保证儿童户外活动的安全。

（2）安全监护的公众参与

安全监护亦十分重要，儿童属于未成年人，对儿童监护是成年人应尽的义务。父母是儿童安全的第一监护人，应始终保持安全隐患意识。此外，居住区的所有居民都是社区的主人，是居住区儿童安全的公共监护者与参与者。

（3）安全教育

安全教育是提高安全性的最重要部分。儿童必须学会基本的生活技能，遵守社会规范。学校里应设置安全教育课程，家庭也要有安全教育责任。监护人要时刻提醒儿童在游戏时应有序排队、避免挤撞。没有成人看护时，不在高低不平处蹦下跳。加强对儿童自我保护意识的教育；假设各种安全场景演习，强化安全规则；家园合作，把安全教育列入平时的日常生活中。

（4）游乐设施的后期检查与维护

建立后期安全维护的责任管理系统，所有在岗人员须进行专业培训，完善相关工作人员的工作体系。定期检查、定期维护、定期保养、定期消毒。确保使用期间不出现安全问题，对于检查需做好工作记录。使用管理者需要对游乐设施每隔半年进行一次全面检查维护、相关检修与保养处理，进行相关记录及备档，避免器械损坏带来的安全隐患。

游乐设施的使用出入口处需要布置相关的安全须知。场地服务工作人员应当随时与使用参与者说明相关注意事项，防止因没有熟悉安全须知而造成的安全隐患。使用管理者对于只能满足特定年龄段的游乐设施，应当根据不同的使用特点，对应使用者的年龄及身高体貌特征进行分类管理与安全提示。

选择及采购中大型游乐设施时，需要根据当地的气候、自然环境等数据及基础设施配套水平为依据。当自然气候影响游乐设备的物理特征时，应当进行相关应急救援措施。

此外，警示牌应当与游乐设备的体量成比例布置。游乐场地主要入口处，楼梯、爬梯处应该加以安全提示，布置警示牌。当场地中游乐设备平台数为 1~5 个时，必须设置 1 块以上的警示牌。当场地中游乐设备平台数为 6~10 个时，必须设置设计 2 块以上警示牌。当场地中游乐设备平台数为 10 个以上，必须设置设计 3 块以上警示牌。儿童活动场地中安全提示设计根据活动区主题应当卡通化，色彩鲜艳，形象生动，更加有利于提醒儿童的安全意识。

物业管理安全体系中，需要时刻关注儿童活动场地。布置全角度的视频监控布置，实时监控整个居住区公共场合的人员出入情况。随时看到车场内每一辆汽车的出入、停放的规范性操作与车辆安全。

7.5.2 儿童游戏场地的安全维护

建立使用者、公园管理方、设备供应商之间完善的协作机制，是降低游戏设施维护问题引发儿童伤害的重要途径。

（1）设施维护

从安全隐患现状分析结果来看，目前公园儿童游戏场地游戏设施维护阶段的主要矛盾是执行标准缺失以及责任制度模糊。游戏设施的维护执行人为设备供应商，但在设施检查和维护过程中牵涉公园管理部门和设备供应商之间的协调与合作，更需要建立完善的管理流程对各方利益相关者进行责任约束，以保障游客的安全利益。游戏设施维护工作可分为常规检验和突发情况处理两部分。由于我国在游戏设施维护管理方面的标准有待完善，因此需在参考国外游戏场地维护体系的基础上提出适合我国城市公园实际情况的管理制度。在常规检验方面，建议采用分级制度，明确每个层级的维护内容、维护频率以及相关责任人，通过定期检查了解游戏设施受损程度，并及时落实相关维修更新事宜。

（2）铺装维护

目前儿童游戏场地中大面积采用的是橡胶合成材料铺装，考虑到材料本身特性、儿童游戏场地的使用频率和安全需求，相比其他类型的游憩空间需要对其进行特殊维护。首先应定期检查地面铺装是否磨损严重，尤其是儿童游戏场地中使用频率较高的区域，如秋千底下和滑梯出口段。需要注意的是在局部维护时应保证修补区域的材料深度与原铺装一致。其次为了减少使用频繁区域地面铺装的整体维护成本，建议在这些区域周围增设缓冲材料，便于铺装的更新。同时需要保证缓冲材料铺设于地面之下，以免儿童在游戏时被绊倒。在明确维护对象和方法后，管理方应对地面铺装维护的各方面信息进行存档记录，包括铺装供应商的维护说明、检查日期和铺装状态、受损现象及修复情况以及场地中由于铺装问题导致的儿童意外伤害记录。这些信息都可以用于识别可能引发儿童游戏危险的铺装设计问题，通过实践经验完善相关安全标准和设计参考。

（3）卫生维护

环境卫生维护需要明确工作范围、工作内容、工作次数并制定相应的工作条例和细则。首先环境卫生维护的工作范围涉及儿童游戏场地所在的整个公共空间，其中儿童游戏场地和其他儿童游憩集中空间是重点维护区域，在工作内容和次数上需要提出更高的要求。其次，环境卫生维护的工作内容包括垃圾处理、植物管理、水体清洁等几个方面。在儿童游戏场地、草坪、广场等儿童经常活动的区域应及时处理类似玻璃碎片等容易割伤儿童的异物以及香蕉皮等容易使儿童滑倒的垃圾。应当定期对植物进行修剪，避免儿童在游戏过程中被自由生长的植物枝杈所伤。另外，在对儿童游戏场地周边的植物喷洒农药进行除虫后建议设置相关告示，以引起家长的注意和警惕，在这段时间内应避免儿童与植物发生过于亲密的接触。定期清理景观水体中的垃圾、淤泥和富营养化水生植物，定期更换人工水景水体，清除附着在设施周边的微生物，防止细菌滋生。在阴雨天气后及时对儿童游戏场地内的积水地面和游戏设施表面进行处理，防止儿童滑倒。

7.5.3 案例：九棵树实验幼儿园"秘密花园"

（1）背景

上海音乐学院九棵树实验幼儿园是奉贤区唯一一所以音乐为特色的幼儿园。幼儿园于2020年9月开园，是一所隶属于奉贤区教育局的公办全日制幼儿园。幼儿园坐落于金海街道展园路229号，占地面积7640m^2，总建筑面积7235m^2，绿化覆盖率35%。

在此大背景下，幼儿园以艺启乐享，和谐发展为办园理念。儿童化的自然角是大自然的缩影，是幼儿自由探索、轻松活动的小天地。如何创设一个别具一格的自然角，使之不再是一种摆设；如何使自然既源于生活又回归生活呢？

（2）设计原则

项目主旨在于激励孩子们用自己的空间想象感知找到探索自然的玩乐空间。项目有着丰富的自然元素，吸引小朋友去想象及探索，并触发许多意想不到的活动。自然式的围挡和收边成为各空间之间轻微的分割，让孩子在活动和学习中，也能被自然包围。

（3）儿童游戏场地设计

花园整体以秘密花园—神奇探秘为主题，分为草坪活动区、自然探索区、芳香剧场区。在这里，为儿童提供了自然式的探索乐园，伴随着芳香植物的奇妙芬芳，开启自然探秘的花园之旅。在这里，小朋友可以观赏到10余种芳香植物，在如此美妙的色香味俱全的花园里，可以进行集体草坪趴、可食香草采摘以及充满芳菲的微型班级小剧场（图7-6、图7-7）。

第七章 儿童游憩环境的安全设计

图 7-6 幼儿园中的自然式的探索乐园
（图片来源：绿文）

图 7-7 儿童在幼儿园中的自然式乐园
（图片来源：绿文）

第八章 不同尺度下的儿童游戏场地设计方法

本章旨在将一个多层次、多尺度的城市儿童户外活动空间网络进行解构,这个网络包括儿童活动专类公园、城市公园内的专门儿童游戏场地,以及非正式的随性游戏空间。我们将这一复杂体系拆分成三种不同尺度的游戏场地,以更具操作性的方式为每个尺度提供创设要点。

首先,我们聚焦于小型游戏场地,这些场地通常位于城市的社区或街区中。我们提供高效且可操作的设计策略,以确保小型游戏场地能够满足儿童的需求,为他们提供安全和有趣的游戏场所。其次,我们考虑中型游戏场地,这些场地可能是城市公园中的儿童游戏区域。我们提供了创设要点,以确保中型游戏场地既具有趣味性,又能兼顾儿童的安全和发展需求。最后,我们关注大型游戏场地,如儿童活动专类公园,它们为儿童提供了更大范围的游戏体验。我们提供了高效且可行的设计建议,以确保大型游戏场地能够充分满足不同年龄段儿童的需求,促进城市环境的儿童友好型改善。

这一章的内容以深入浅出的方式,通过将复杂的设计体系拆解成不同尺度的部分,为城市规划者和设计师提供了更具操作性的设计策略。这些策略将有助于更好地规划和建设适合不同年龄段儿童的游戏场所,推动城市朝着更加儿童友好的方向发展。

8.1 小型游戏场地设计

儿童游戏的范围并不拘泥于特别设置的儿童游戏空间,在儿童的世界里任何一个地方,任何一个伙伴都可以开展游戏,因此儿童游戏空间的设计也需要一个新的突破,打破场地的边界,精心考虑每一个儿童可能游戏的角落,让更多的地方成为儿童的游乐场。

本书将面积小于 500m² 的儿童游戏场地称为小型游戏场地,由于这样的游戏场地通常可以布置在居住区绿地或者是步行道路周围,具有较好的开放性,在不同时间段不限于儿童专属使用,所以又是一种非正式的游戏场地。但是面积的狭小和开放的使用人群并不意味着这类游戏空间的存在只是流于形式的设计愿景。在空间可达性和儿童使用频率方面,这类精巧的随性游戏场地相较于复杂的综合游戏场地有更大的优势。

这样随性的游戏场地在儿童日常活动的环境中为他们提供了更多的游戏机会,让儿童感受到生活环境是舒适的有趣的,是重视儿童游戏权利的具体实践措施,同时也是解决城市儿童游戏空间匮乏问题的关键措施。城市公共绿地很少考虑儿童的使用,这也许并不是因为成人不愿意和儿童一起分享户外空间,只是成人没有考虑如何与儿童一起分享户外空间。

8.1.1 公共绿地中的小型游戏场地

城市公园作为城市公共绿地的主要形式，是城市居民公共生活的重要组成部分，让人们在工作之余放松身心，为人们的户外活动提供物质保障。数据调查发现，在北京市有 1/3 的城市公园设置有儿童活动区，这些活动区以游戏器材为主要形式或者是让儿童与成年人共用健身器材。这样单调的形式显然不能满足儿童成长需求，而且近些年由于错误使用成人锻炼器械而造成的儿童伤害案例也在不断增加。因此在公园中增设或是重设儿童游戏场地，一方面可以丰富城市公园的社会服务功能，另一方面可以切实为儿童提供更加友好的成长环境。

城市公共绿地中的随性游戏空间首先需要有安全合理的选址，要避免靠近车流量大的城市干道，也要避免靠近公共绿地人流量较大的出入口；其次，游戏场地面积不必庞大，精细合理的设计能够充分满足某一种类型游戏需要即可；最后，可以在公共绿地不同方位设置不同内容小型随性游戏空间，通过点状分散的小型儿童游戏空间形成儿童活动空间网，充分利用整个公共绿地的场地特质；此外，不同位置的儿童游戏场地之间可以用轮滑通道或者是自行车行道之类连通空间互相链接，在有限的场地内发挥最大的游戏价值，为儿童创造更多的游戏机会。

城市公共绿地建设目的是为不同年龄、不同身份背景的城市居民提供户外活动机会，在整体忽略儿童需求的建设大环境下，呼吁城市公共绿地中小型随性儿童游戏场地的建设目的，在于为儿童的户外游戏权利提供物质保障，提高公共绿地的服务效率。城市公共绿地中开放布置的小型随性儿童游戏空间可以被不仅限于儿童的其他人群综合利用，这样的游戏空间不赞成使用围栏，同时也不限制使用者年龄，只是通过更迎合儿童兴趣和更适宜儿童尺度的设计，以儿童为目标人群创造舒适的游戏环境。

8.1.2 居住区小型游戏场地

很多住宅区因为容积率的控制和建设宜居环境的要求都设置有大量的楼间绿地或者是有大量的绿化带，然而这些地方大多只种植植物。这些地方具有为儿童提供离家很近的游戏空间的极大潜力，当然很多时候由于这些绿地沿楼而建，需要仔细地考虑面积和安全问题。

居住区绿地是儿童最经常进行户外活动的地方，无论是在成年人的陪同下还是独自游戏，居住区绿地都是一个游戏的好地方。但是，居住区绿地环境是不是真的满足了儿童的游戏需求？是不是足够安全？儿童是不是在一些危险的地方进行了危险的活动？面对这些问题，也许很多家长会选择宁愿让孩子待在家里玩电脑看电视也不愿意让孩子在户外游戏。

然而作为儿童最容易到达的户外空间，居住区儿童游戏环境在儿童的户外游戏体验中占有极其重要的地位。居住区中的小型随性游戏场地可以布置在楼间绿地处，也可以布置在步行道的节点放大处。通过安置小型的游戏设施、沙坑、滑板池等简单的游戏设施，不同年龄的儿童会被同时吸引。在居住区组织儿童聚集点可以从很大程度上避免儿童在存在安全隐患的地方玩耍，也便于成年人进行看管。

居住区儿童数量多，而且年龄呈分散分布，单一的小型随性游戏场地一定不能满足所有年龄儿童的游戏需求，因此，多样的小型随性游戏场地分散地布置于楼间绿地是一个值得推荐的做法。这样可以避免居住区绿地设计单调的同时，为儿童提供更多的游戏机会。可以在每一个随性游戏空间的设计中有针对儿童年龄的游戏类型，但不应限制设定以外年龄儿童的使用，更不应限制儿童的游戏方式，在确保儿童游戏安全的基础上，很多时候儿童创意开发的新的游戏方式会给游戏场地带来更加活跃的游戏氛围。

在居住区的儿童游戏场地设计中还需特殊考虑的是儿童和宠物的关系，围栏在很大程度上可以阻止宠物入内，但是在一些时候宠物也可以成为儿童很好的游戏伙伴。然而很多时候决定宠物是否可入内的并不是这个问题本身的利弊，而是成年人主观的态度，因此，设计应在充分考虑实际情况的基础上，权衡利弊。

8.1.3　街角绿地小型游戏场地

在街道上游戏是我们极力想避免的一个问题，这会为儿童游戏的安全带来极大的隐患，但是大量数据又显示几乎所有的儿童都有这样危险的经历，于是这就值得引起我们的思考：儿童游戏场地和街道到底该有怎样的关系。对于街道上的游戏，安全是最大的前提，否则是应该被禁止，这就需要在适当的地区对机动车的流量和速度进行限制，特别是对于居住区来说，人车分流可以很好地控制游戏街道的安全，同时通过地形、铺装适当的变化或者是人行道路的宽窄收放都可以给儿童强烈的暗示：这个地方是可以停留玩耍的。道路儿童随性游戏场地需要有明亮、开敞的空间布置，适宜儿童进行短时间的逗留，但不宜有吸引儿童进行长时间玩耍的设施；需要有明确的边界以区分人行道、车行道和绿地；应当有明确的导向性。在居住区内的道路随性游戏场地可以跟广场、步行道路相互连接，为轮滑、单车、滑板等提供游戏场地。

此外，如果将广场视为道路的放大节点的话，那么道路随性游戏空间可以散布到城市公共空间的几乎每一个角落。在国外的设计实践中有一些特别优秀的儿童游戏空间的设计就与道路和广场有着密切的联想，例如澳大利亚悉尼达令港，在寸土寸金的 CBD 中心区，设计的儿童活动空间为儿童提供绝妙的玩水体验；日本东京丰洲拉拉港港口设计的儿童活动广场，通过大面积地形雕塑为儿童提供特别的游戏体验。这些以大面积硬质铺装为主的儿童游戏场地为我们很好地描绘了道路随性游戏场地存在的可能性（图 8-1）。

8.1.4　小型游戏场地创设要点

（1）鼓励儿童游戏行为

大多数的城市公共绿地都可以为儿童游戏提供可能，应该支持儿童在这些地方玩耍。然而一些标牌例如"严禁践踏""不许大声喧哗"，要求儿童待在公共绿地中要小心翼翼地活动，这些

图 8-1　上海四平路口袋花园
（图片来源：乐丘）

标牌存在的意义应该被重新考虑。在开阔的草地上放风筝、踢球、奔跑、跳跃；摘花、捉蜻蜓、爬树、尝树上掉下来果子的味道；这些都是童年应该有的体验和记忆。但是在现在的城市公园里，草坪是严禁践踏的、花朵是严禁采摘的、树木是严禁攀爬的，这其实是把儿童探索世界的游戏行为与成人的不文明行为混为一谈的做法，并不利于儿童进行多样游戏。

（2）给儿童游戏信号

常见的儿童游戏场的做法是摆放游戏设施让儿童感受到这个地方是欢迎他们玩耍的。同样随性的儿童游戏空间也需要一些类似的做法，光滑的大块卵石、形状独特的原木、特别的植物或者是装置都可以吸引儿童在这里玩耍。例如，有的时候，修剪树木留下的锯末也是一种"松散材料"会吸引儿童，用自己带的玩具展开充满想象力的游戏。

（3）安全保障

儿童从独立的户外游戏和自己创造游戏场地中受益匪浅。一旦儿童自发地在某个地方形成了较为固定的游戏场地，这个地方的安全性就需要以儿童游戏空间的标准重新考虑。儿童用捡到的材料或者是树枝、石头搭建的构筑物是不是安全的？他们创造性的玩法是不是安全的？他们选择的游戏场地是不是有电线、交通等不安全因素的问题？当儿童自发地选择了一块游戏场地，那么这块游戏场地一定具有成人或设计者没有发现的独特魅力，于是一个儿童游戏场地初具雏形，剩下的就是安全评估、适当的修整和定期维护。

（4）共享使用

公共绿地核心在于其公共性，就是可以被不同年龄不同身份的人群共同使用。让公共绿地为儿童提供更多的游戏机会是指在公共绿地设计的时候要重视低年龄人群的使用,规整的植物种植、硬质铺装小广场、成年人锻炼器材这样的配置对儿童游戏来说不是理想的游戏环境，开发公共空间为不同人群提供活动场地的潜质是创设随性游戏空间的目的。

小型随性游戏场地不需要大型的游戏设施，不需要复杂曲折的空间变化，通过材质的对比、地形的起伏、颜色的改变，或者是布置儿童游戏器材、富有童趣的装置、卡通图案的铺地，甚至是布置可以攀爬有保护网的岩石、原木都可以给儿童明确的信号——这里是鼓励他们进行游戏的场所。

灵活布置的小型随性游戏空间具有十分好的可达性，让儿童可以轻松步行到达。虽然小尺度的设计也许并不能包含丰富的游戏内容，但是也足够支持某一种类型的游戏充分进行。通过在居住区公共绿地分散布置多个不同类型小尺度游戏场地的方式可以很大程度上满足游戏内容的多样性。此外，沙坑、小的互动水景设施、轮滑池、可以攀爬的原木、大块的岩石、小型游戏设施——这些元素都可以独立成为一个小型随性游戏场地的核心内容，吸引儿童进行游戏。

8.1.5 案例：Joy Garden（欢乐花园）——城市立体建筑环境中的儿童户外花园

屋顶花园位于赤峰路同济大学南门处，紧邻63号创意工坊，周边以学生和创意型青年为主要人群。据调查，整个同济大学周边没有一处经过精心设计的屋顶花园。屋顶花园现状可使用面积为150m^2，南北最长23m，东西最宽8.2m，女儿墙厚360mm。西侧紧邻同济科技大楼，建筑间距为1m，中间为透明塑料顶，落水面积为36.7m^2，雨水注入屋顶花园，用以灌溉，多余的雨水经过三个落水口排出（图8-2）。原屋顶设计施工时，整个屋顶存在防水层构造问题，空间感也较差。基于以上问题，团队联合相关专业设计团队、建造工程与设备技术供应伙伴、高校实验室等研发创新机构进行了详细的跨专业协同设计，最终在150m^{2}范围内完成了包括建筑结构荷载测算、屋面防水测试与改造、木结构参数化设计、屋面雨水收集与自动灌溉系统、轻质化屋面构造基质等多项技术应用。

屋顶花园的空间界面通过数字化技术生成三维曲线并详细推敲了尺度与轮廓，最终设计出

199 片不同的木构架基本单元,实现了具有座位、围栏、吊挂点等多个区域的全新空间(图 8-3)。经过对荷载的测算,屋面的人行平台部分整体架空,结合对屋顶花园的空间功能分割需求进行详细的屋面竖向剖面设计,在保证构造稳定性的基础上满足了屋面快速排水的要求。

改造后的 Joy Garden 屋顶花园,作为绿色校园改造的小规模实验,将逐步结合立体绿化的现场教学、系列立体绿植的评估和专题测试开展一系列的校园建筑绿色改造后续跟踪实验,同时也为师生提供了一个登高小憩的场所(图 8-4～图 8-6)。

图 8-2 场地改造前
(图片来源:IUG)

图 8-3 199 片不同的木构架基本单元
(图片来源:IUG)

图 8-4 屋顶花园建成效果
（图片来源：IUG）

图 8-5 屋顶花园植物配置
（图片来源：IUG）

图 8-6 构筑物与植物的配合效果
（图片来源：IUG）

8.2 中型游戏场地设计

8.2.1 中型儿童游戏场地特征

独立儿童游戏场地是一种正式游戏场地，相较于依附城市公共绿地存在的随性游戏场地，占地面积较大，介于 500～3000m²；具有一定综合性；有内部功能分区，可以提供多种游戏方式的中型游戏场地。

这类游戏场地独立存在于城市公共绿地之中，实现儿童户外活动空间完整功能，通过巧妙合理的设计充分利用场地特质，提供丰富游戏体验，营造良好的游戏氛围。儿童可以在家长的陪同下在周末或节假日进行较长时间的游戏。

8.2.2 中型儿童游戏场地空间构成

在这部分将独立儿童游戏场地拆分为下垫层、中层、顶层三个部分，分别探讨每个部分的设计形式，希望在实际设计中能够通过多样的组合来迅速形成独立儿童游戏场地的设计思路，为将来的设计实践提供简明直接的参考。整体来说，独立的儿童游戏场地应该具有适量的游戏器械或者设施，考虑地形变化，为儿童提供球类活动场地或者是轮滑池和单车道。独立游戏场地重点在于游戏环境设计的完整性和游戏氛围的营造。

（1）下垫层

下垫层发挥最根本的支撑、保护功能。在大多数的设计实践中下垫层仅仅体现保护和支撑的功能，而千篇一律地采用橡胶地垫的形式。但是儿童游戏空间的下垫面同样可以成为一种游戏设施，为儿童提供游戏机会，这样另辟蹊径的设计会为现阶段枯燥的游戏场地注入新的活力。

研究显示儿童的视角相较于成年人，水平方向和垂直方向都更为狭窄，视点高度更低，因此对于地面的关注度会更高。地面的起伏变化，地面材质、颜色、图案的变化会更容易引起儿童的关注。下垫层设计内容又可以细分为边界、地形等部分。

边界：边界可以让两侧环境形成鲜明的对比，也可以让两侧环境融为一体，边界营造效果形成游戏场地和周边环境的交流。实现不同效果的边界的做法十分丰富，整体来说有硬质边界和软质边界两个大类别。硬质边界通过置入另一种造景元素让边界清晰、明朗，通常可以采用置入围栏、挡墙、岩石、台阶等方式来实现。软质边界通过边界两边的材质或者是环境对比来实现，例如草地延伸到石子铺地的游戏场地，粗沙填充满沙池延伸到透水地坪，以及透水地砖和碎木屑的材质对比等。

雕塑地形：地形的起伏变化也是下垫面设计的重点，小尺度凹陷的地形可以营造一个安静玩耍的空间，地面突起会让儿童扑上去拥抱感受，甚至攀爬。起伏变化的地面为低儿童提供了极好的探索机会，同时也让场地独具特色。

（2）中层空间

中层空间的布置营造决定了独立儿童游戏场地的游戏内容和氛围，反之，某一类型的游戏发生需要特定的辅助环境条件。因此，独立儿童游戏场地的设计在最初的立意阶段就需要对游戏内容有合理的设定和畅想，并且向着这个目标综合统筹场地环境与游戏设施以实现预期效果。独立游戏场地作为正式的游戏场地然而又没有十分广阔的占地面积，确定一至两种明确的游戏氛围并将其发挥得淋漓尽致，相较于试图在小尺度空间内面面俱到的做法，更加合理且高效。

依据儿童游戏行为理论研究，儿童游戏大致可以分为功能性游戏、结构性游戏、想象游戏和规则游戏四种类型。其中结构性游戏和想象游戏通常较为安静，运动幅度较小，需要一些儿童能够操作、摆弄的小巧的游戏器具，因此将满足这类游戏的空间称为想象游戏空间。功能性游戏涉及儿童大肌肉和小肌肉的重复运动和锻炼，儿童在进行功能性游戏时运动幅度较大，通常需要大型的游戏设施对游戏进行支持，因此将满足这类游戏的空间称为设施游戏空间。规则游戏多指球类运动以及一些有固定规则的游戏，在这样的游戏里儿童进行大量的身体锻炼，这类活动对于设施要求较小，但是通常需要较为平坦开阔的场地，因此将满足这类游戏的空间称为身体锻炼游戏空间。

基于以上三种不同运动幅度的游戏以及这些游戏不同的空间需求考虑，本节将独立儿童游戏中层空间区分为三种主导游戏场地氛围，分别是：想象游戏空间、身体锻炼游戏空间以及设施游戏空间。

想象游戏空间：鼓励儿童进行比较安静的探索游戏、象征游戏和结构游戏。沙池、起伏的地形、自然植物可以为儿童提供长时间的吸引力。无论是自己玩还是和小朋友一起玩，儿童大幅度身体运动较少，整个游戏场地呈现一种舒缓、天真的游戏氛围。

这类游戏场地吸引低年龄儿童聚集玩耍，幻想游戏对于年龄较大的儿童已经不是主流的游戏，他们倾向于一些更加剧烈的规则游戏。但是这里场地对于女孩一直都是有吸引力的，对于小学高年级的女生，打打闹闹的游戏不再被喜爱，她们更喜欢几个人一起安静地交谈。

这类游戏场地可较少地设置游戏器械，减少了人工器材的置入，于是特别适合凸显自然元素本身的魅力。精心配制的植物可以激发儿童探索自然的热情，可以攀爬的原木为游戏场地注入特别的乐趣，沙池中的细沙和周围材质的差别带给儿童不一样的体验，巧妙设计的水景更是可以给儿童带来更多的游戏乐趣。

身体锻炼游戏空间：为儿童进行球类运动提供场地，也支持儿童进行单车、轮滑、滑板等运动。这类游戏场地是学龄儿童喜爱的游戏场地，大肌肉锻炼可以让儿童健康成长。

值得注意的是，这类游戏场地并非学龄儿童专属，尽管在学龄儿童聚集玩耍的时候一些动作可能会给学龄前儿童带来伤害，但是学龄儿童的游戏有特定的时间段，当学龄儿童不在时，学龄前儿童也能按他们喜欢的方式利用游戏场地。

游戏场地内部可以减少大型游戏设施配置，为球类运动等留平坦开阔场地，同时，轮滑或自行车场地的设计应该有合理的地形起伏。身体锻炼游戏场地特别适宜布置在以鼓励市民运动而设计的城市公园中，与整体公园的运动氛围相辅相成，鼓励成人带领儿童一起走出家门进行户外运动，倡导健康生活方式。

设施游戏空间：游戏设施为儿童游戏提供了丰富的体验，对各个年龄段的儿童来说都极富吸引力。在设施游戏场地设施是中心元素，但是并不意味着设施以外的环境设计可以忽略。

以设施为中心的游戏场地可以为儿童提供新奇有趣的游戏体验，开发儿童的想象力和创造力。好的游戏设施可以为不同年龄的儿童提供不同方式的游戏方式，同样一个构件可以被不同的儿童创造性地使用。

游戏设施和场地环境相结合的设计要求设计主导设施，设施服务于整个游戏场地氛围的营造，而不是设施一枝独秀。这要求综合考虑设施的下垫面的选择和设计、周围的环境布置、植物的搭配，以及其他一些游戏场地的辅助配置。

（3）顶层空间

作为户外空间，独立儿童游戏场地的顶面通常由高大乔木、游戏设施的顶面，或者是建筑伸展出的屋檐构成。这些不同的顶面或者完全没有顶面暴露在天光下的情况都会赋予场地不同的氛围。

首先，是建筑屋檐形成的顶面。通常学校或者是幼儿园附属的儿童户外游戏场地会有这样的结构，为儿童提供遮挡，让儿童无论在任何天气情况下都可以在户外进行活动。这类空间可以视为室内到室外之间的过渡空间，大多利用在幼儿园的设计中让室内外空间和谐统一。例如日本蒙特梭利学校藤幼儿园的设计，大面积地将室外空间与室内空间融合，为儿童创造更加开放明亮的游戏环境。

其次，由植物形成的顶面遮挡是户外独立儿童游戏场最常见的形式。高大的乔木为儿童遮挡强烈的阳光，留下光线柔和温暖的游戏空间；郁闭的小型乔木或者是大型灌木可以形成更为阴凉的游戏空间；植物的季相变化也让顶面遮挡四季不同，这样富有生命活力、动态变化的顶面会给游戏场地营造变化的游戏氛围。

8.2.3 案例分析：疯狂的蜗牛

项目面积1620m^2，项目周边业态形式较为多样，以住宅与商业办公为主，北侧紧邻公园周边，周围教育业态较少、宅业态建筑较为集中，给项目带来较大的压力与竞争力。同时项目紧邻长江与公园，增加了项目的优越性。综合考虑场地优劣，场地设计以"疯狂的蜗牛"为主题，意在打造释放童真天性的活力型探索乐园和全龄段梦幻森林（图8-7、图8-8）。

（1）场地分区

活动场地配合全龄段儿童场地空间划分与利用，将场地规划为幼儿成长区、中童探索区、大童运动区及冒险迷宫四大空间，以童趣、活力、梦幻、探险为各功能区域活动场地设计主题，四大主题功能区灵动串联。鼓励孩子们去探索、玩耍，"疯狂"地释放童真天性（图8-9）。

儿童友好的开放空间构建

图 8-7　儿童乐园鸟瞰图
（图片来源：乐丘）

图 8-8　儿童乐园效果图
（图片来源：乐丘）

（2）看护廊架

除此之外，贴心的看护廊架可供家长休憩，也可以暂存宝宝出游必备小物品，让孩子们肆意玩耍，家长解放双手，陪伴孩子享受亲子时光（图 8-10）。

图 8-9　儿童乐园蜗牛主题设施
（图片来源：乐丘）

图 8-10　看护廊架
（图片来源：乐丘）

8.3 大型游戏场地设计

8.3.1 综合游戏场地特征

大型综合游戏场地是指面积大于 3000m² 的儿童专类游戏公园,大多综合游戏场地设计案例占地面积都较大,可为儿童提供丰富多样的游戏体验。这样大型的综合性游戏场地可以同时为不同年龄阶段的儿童提供不同的环境以支持不同类型的游戏,营造儿童专享的游戏乐园。相较于占地面积较小的独立儿童游戏场地,大型综合游戏场地不依附于城市公园而存在,它不是大公园的一个小分区,而是独立成为一个完整的儿童游戏专类公园,通过游戏内容或者是风格主题来划分内部区域。

大型综合游戏场地可以选址于城市外环,儿童在成人的陪同下在周末或者节假日进行一整天的快乐游戏。同时,城市外环通常具有城市中心区不常拥有的自然资源,建设在自然风光秀丽地方的儿童游戏场地可以最大限度地为城市儿童提供亲密接触自然的机会。

8.3.2 综合游戏场地空间设计

为满足儿童的不同游戏需求,大型综合儿童游戏场地设计相较于中型游戏场地设计应该更加丰富,在中型游戏场提供的三种游戏空间的基础上应该提供以下五种游戏空间:想象游戏空间、身体锻炼游戏空间、设施游戏空间、自然体验游戏空间和交通空间。

这五种类型的游戏空间相辅相成共同形成综合完整的大型游戏场地设计。然而这些游戏空间分配比例的不同会极大地影响综合游戏场地的核心游戏价值,本节将在不考虑游戏场地平面布置形式的情况下,探讨不同主导游戏空间而形成的不同风格的大型综合游戏场地设计模式,为将来的设计实践提供直接的借鉴。

(1)以创造型游戏空间为主导的综合游戏场地

大型游戏场地并不总是意味着大型的游戏设施和大型的球类运动场地,以创造型游戏空间为主导的综合游戏场地设计同样可以担当大型游戏场地的主要内容。以玩水为主要内容的游戏场地或者是玩沙主题公园都是较好的创意,避免了大型游乐设施主导的千篇一律的儿童公园的设计模式。

儿童的身心发展是复杂的过程,在很多时候儿童需要的不是一个一味被动接受游戏设施带来的刺激,吵闹或绚丽的游戏环境,而是动静结合,自己探索、自己发现、自己主导游戏过程的游戏环境。在这样的游戏过程中儿童自愿接受一定程度的挑战,用自己的智慧或者是通过学习和交流解决问题,享受这个过程带来的成就感,这样的游戏对于儿童的成长有更多的意义。而创造型游戏空间为主导的游乐场地的设计的目的就是为儿童提供这样的游戏环境。

（2）以运动型游戏空间为主导的综合游戏场地

运动型游戏空间的游戏内容是球类游戏，轮滑、单车、滑板之类的有轮车类游戏和规则游戏。这样的大型游戏场地以锻炼健康身体和大幅度身体运动为主导游戏价值，让儿童拥有大面积的可以奔跑跳跃的专属开阔场地。

其他类型的游戏空间的布置可以围绕着球类运动场地或者是轮滑、单车路线分散布置。活力开敞游戏场地并不容易与其他类型的游戏场地相互融合，并且使用时间通常有规律性，因此需要更大的场地来补充配置其他类型的游戏场地以满足大型综合游戏场地设计的完整性和更高的利用率。

（3）以冒险性游戏空间为主导的综合游戏场地

以设施为中心是儿童游戏场地最经常采用的设计形式，而且甚至在更多的情况下提及儿童游戏场地人们的印象就是聚集的游戏设施。于是这也就形成了对儿童游戏场地最大的误解，认为只要采买、安装游戏设施就可以称为儿童游戏场地设计，从未考虑设施与周围环境、与儿童游戏、与场地游戏氛围的关系。

本书所指的创意设施是为支持特定游戏而挑选，根据场地特质布置，能够充分带动游戏氛围，为不同年龄儿童提供游戏机会的游戏设施，也只为场地特别设计的独一无二的游戏设施。这些游戏设施为儿童游戏提供支持，并且引导儿童自己开发新的玩法。通过与环境的交流、与儿童的互动，游戏设施成为儿童游戏的中心，吸引儿童进行长时间愉快地玩耍。

设施游戏空间可以和自然体验空间和想象游戏空间结合设计。同时游戏设施需要精心地进行后期维护，定期检查设施的性能、安全以及及时更换损坏、老化的部件是设施后期维护十分重要的部分，尤其是对于使用率很高的游戏设施。仍然需要强调，以游戏设施为主导的儿童游戏场地绝不是指大型器械形成的游乐场，例如"欢乐谷"这样的大型游乐场并不是为儿童游戏而设计的专属场地，反而成人在天真梦幻的环境，体验失重、离心的刺激是这类游乐园的主要内容。

（4）以自然体验游戏空间为主导的综合游戏场地

以自然体验式为主导的综合游戏场地设计通常需要比较优异的自然环境条件支持，儿童在自然的环境中通过自己搭建、自己探索，与自然亲密地接触，对于城市儿童来说是一种缺乏的体验。我们无法确定每一个儿童都喜欢和自然接触，但是缺失自然体验正是城市儿童常见的心理或生理问题的主要诱因。

让自然回归城市或是让城市融入自然是现阶段城市设计的重点，落实到儿童权利的视角来看待这个问题，首先就需要为儿童提供接触、体验自然的机会。也许自然的泥土会弄脏衣服，自然的树木会刮伤皮肤，自然的小动物会不听话，自己用工具劳动会很累，但是，儿童教育从来就不提倡温室花朵一样的培养方式。为儿童提供安全的、自然的游戏环境,让儿童自己动手、自己交流、自己思考,正是这类自然体验式为主导的游戏场地希望达到的目的。

8.3.3 案例分析:半山花园

福州融侨半山花园儿童场地设计,整体规划为自然体验区、地形活动区、主题冒险区、综合互动区四个部分。结合荡桥、多人秋千、动物摇马等设施进行的设计,为不同年龄层次的儿童"造梦"。色彩斑斓的世界赋予童心,于自然中寻找童趣,在设计之初巧妙借用"爱丽丝梦游仙境"这一构思,结合故事发展脉络,将各游乐设施融入故事中,通过一颗被隐藏的红心诉说如同仙境般有趣场景(图8-11)。

(1)强调主题的入口设计

为打造一个"爱丽丝梦游仙境"的场地,将大门入口处设计成树洞造型,选用兔子元素点题,指引游玩者走进魔幻森林(图8-12)。

图 8-11 半山花园儿童乐园鸟瞰图
(图片来源:乐丘)

图 8-12 儿童乐园入口设计
（图片来源：乐丘）

（2）自然体验区，神奇世界一触即发

进入魔幻森林，设计师在入口处设计蹦床游乐区，掉进兔子洞的爱丽丝像发现了新大陆，从此开启了一路的狂欢与探险。入口左侧规划为休闲座凳、攀爬设施、不锈钢钻洞等。"爱丽丝"试着放下心中的戒备，在自然中穿梭，愉快嬉戏。以"胡萝卜"造型规划设计，场地内设置双人滑梯、单人滑梯、攀爬环、玩沙盘、攀爬点、攀爬绳等，供小朋友们玩耍。旁边配置洗手台为参与游戏的孩子们提供便捷的清洗设施。

（3）主题冒险区，发现城堡的秘密

白兔主题设施，高约 8m，为钢架 + 巴蒂木结构，耸立在儿童场地的中庭区位置。白兔内附攀爬网、爬梯、不锈钢滑梯，尾部利用荡桥与不锈钢钻洞结合，前后联动，增加游玩趣味性（图8-13）。

（4）综合互动区，聆听自然的声音

瓢虫互动装置：半球体的造型可以满足小朋友攀爬、滑梯、追逐等玩耍需求。瓢虫的眼睛是可转动的球体,内部转轴结合拨片,可演奏设定好的音乐曲目。

青虫传声筒:以青虫为设计原型,用抽象的表现手法,搭配明快的色彩。高低错落的听筒,可满足各年龄段儿童的使用。小朋友们在愉快的玩耍中,探索声音的奥秘,了解声音传输的物理知识,达到寓教于乐的效果(图8-14)。

互动墙面:以动物图案以及不规则图案在墙面进行开洞,动物图案可结合拍照互动及钻爬功能,仿佛置身于童话世界,满足儿童的好奇心和探索心(图8-15)。

图 8-13　儿童乐园主题设施
(图片来源:乐丘)

图 8-14　瓢虫互动装置和青虫传声筒
(图片来源:乐丘)

第八章 不同尺度下的儿童游戏场地设计方法

图 8-15 互动墙面
(图片来源：乐丘)

第九章　儿童户外游戏空间标识系统设计

　　导示系统在儿童活动场地中扮演着引导儿童自主选择和决断的关键角色。在第九章中，我们首先强调了儿童游戏场地导示系统的三大功能特性：信息性、指示性和装饰性。这三种特性在不同类型的游憩环境中悄然影响着儿童，培养着他们的主观能动性。

　　首先，我们探讨了信息性导示方式，这涉及如何通过信息传达的方式来引导儿童。其次，我们关注了指示性导示方式，它涉及如何使用指示性标识和标志来指导儿童的行为和决策。最后，我们研究了装饰性导示方式，如何通过环境的装饰和美化来激发儿童的兴趣和创造力。为了设计更富趣味性的导示系统，我们提出了五个关键方面的考虑：色彩、图形符号、文字、尺度和材料。这些要素需要根据儿童的认知水平和喜好进行精心设计，以创造一个完善的导示系统，让儿童感到愉快和亲近。

　　这一章的内容旨在帮助设计者更好地理解儿童的需求和心理特点，以便为他们创造一个具有引导性和趣味性的游戏场所。通过巧妙的导示系统设计，可以激发儿童的好奇心，引导他们积极参与户外活动，同时促进他们的认知和创造力发展。这有助于打造更具吸引力和教育性的儿童友好型游戏场地。

9.1　儿童户外游戏空间导示系统

9.1.1　儿童户外游戏空间导示系统的功能

　　儿童游戏场地的导示系统主要通过信息性、指示性和装饰性 3 个功能特性在不同类型的游憩环境中潜移默化地培养儿童的主观能动性。

（1）信息性

　　信息性是导示系统最直接的功能，是指通过抽象简练的符号图形和生动的色彩搭配来传递空间信息，并具有说明性意义。在儿童户外游憩空间中，导示系统的信息性需符合各阶段儿童视觉、听觉和触觉等认知，其导示语汇应主题鲜明地进行展现。

（2）指示性

　　指示性是导示系统最直观的表现途径，一般是由箭头来传达方向。在儿童户外游憩空间中，导示系统的指示性需围绕环境主题，突破原本指示箭头的呆板形象，设计儿童乐于接受的细节，生动直观地指引儿童识别所在的环境并引导儿童规划下一步的游憩方向。

（3）装饰性

装饰性是指导示系统在满足基本空间信息传达的条件下，适当丰富导示视觉的艺术效果，装饰空间的同时用以吸引受众对象的注意力。在儿童户外游憩空间中，导示系统的装饰性需结合导示载体，配以形态生动、色彩缤纷的图形符号和卡通形象，以协调并凸显游憩空间的童趣和可爱，旨在获得儿童受众的青睐。

9.1.2　儿童户外游戏空间导示系统的分类

儿童户外游憩空间导示系统涵盖了儿童户外游憩空间内的所有导示设施，根据我国《公共建筑标识系统技术规范》GB/T 51223—2017，导示系统主要通过由基础、支撑、面板构成的导示标识牌（即标识本体）进行呈现，其分类主要受传递信息属性、设置方式、显示方式、感知方式和设置时效的影响而形成五种分类方式。

（1）资讯类导示

资讯类导示通过展现生动、活泼的详细平面图和信息板，向儿童传达各类游憩空间的整体信息，在导示系统中占据极其重要位置。因其体积普遍较大，通常采用和周围环境相协调的落地式、附着式或悬挑式的设置方式，布局在主要出入口以及重要景观节点处的鲜明位置，表现形式主要为总平面信息索引牌。

（2）识别类导示

识别类导示是反映目的地及其内使用设施信息的首要途径，设计采取更适于提升儿童代入感和识别性的色彩和造型，以落地式、附着式或悬挑式的设置为主，也会和其他类型的导示组合使用。

（3）定位类导示

定位类导示通常标注"您现在的位置"等帮助信息，通过附着、落地或悬挑的方式进行设置，布局在景观节点或道路沿线，主要表现形式为与资讯类、识别类导示设施组合使用或单独表示的区域位置索引牌。

（4）引导类导示

引导类导示设施，是导示系统中使用量最大的设施类型，能够准确反映使用者的寻路依据。此类导示主要由名称、图形符号、箭头示意等构成，一般设置于长距离无路口的道路沿线或重要道路节点沿线，最大间距不宜超过150m，多采用落地式或移动式的设置方式引导识别方向，主要表现形式为引导景点、功能区、设施方向的多功能引导牌。

(5) 说明类导示

说明类导示设施的形式多种多样，强调适合儿童的图示化、辅助拼音文字的说明，可做成翻页、触屏等人、机信息交互式感知的形式，通过附着式、吊挂式、落地式或移动式的方式进行设置。

(6) 限制类导示

限制类导示是对儿童在游憩空间中的行为进行安全警示和提醒的必要工具，主要设置在易对儿童人身安全造成影响的区域（如戏水池旁、台阶处、易触电设备周边等），主要分为保障儿童及其家属人身安全的警示和行为提醒类的警示两大类。

(7) 推荐类导示

推荐类导示主要分为温馨提示牌和广告推荐牌两大类，温馨提示牌包括"无障碍通道""婴儿车停放""身高限制""步行区域""文明养犬""等候信息"等内容，以温馨引导为主设置在无障碍设施、景观节点周边；广告推荐牌包括"推荐路线""推荐景点""特色演出""特色餐饮"等内容，以推荐引导为主设置在具有如表演、餐饮等特定功能的区域附近。

综上，七种类型的导示根据其功能的不同，所呈现的表现形式和位置设置均不相同，可参见表 9-1。

儿童游憩空间导示系统分类　　　　　　　　　　　　　　　表 9-1

序号	导示类型	导示形式		设置位置
1	资讯类导示	总平面信息索引牌		主要出入口、重要景观节点处
2	识别类导示	景点名称导示牌	景点/主功能区名称导示	景点或主功能区的出入口、重要节点处
		功能区（设施）名称导示牌	子功能区名称导示	相关设施周边
			活动设施名称导示（如游戏器械、儿童盥洗、母婴设施）	
3	定位类导示	区域位置索引牌		景观节点或道路沿线
4	引导类导示	多功能引导牌	景点/功能区/设施方向引导	长距离无路口的道路沿线或重要道路节点沿线
5	说明类导示	景区说明牌	景区介绍 功能区介绍	景区或者功能区的出入口、重要节点处
		设施说明牌	使用说明 游戏说明	功能区出入口及其中设施的周边
		知识说明牌	科普知识 生活常识	相关设施周边

续表

序号	导示类型	导示形式		设置位置
6	限制类导示	安全警示牌	禁止翻越、禁止触摸 禁止吸烟、禁止入内	易对儿童人身安全造成影响的区域
		提醒警示牌	当心触电、注意台阶	
7	推荐类导示	温馨提示牌	无障碍通道、婴儿车停放、 身高限制、步行区域、文明 养犬、等候信息	无障碍设施、景观节点周边
		广告推荐牌	推荐路线、推荐景点 特色演出、特色餐饮	特定功能区域周边

9.2 构成要素及设计原则

研究显示，导示系统构成的主要关注点集中于 5 个方面，分别为：色彩、图形符号、文字、尺度和材料，这些元素共同缔造着导示系统的整体形象。实施于设计中，对儿童突破语言限制认知外部环境、激发自主寻路意识起到重要作用。

9.2.1 色彩

作为儿童视觉认知过程中最敏感的要素和最直接有效的视觉刺激方式，色彩能够帮助儿童识别形象、引起儿童对游憩空间的强烈情感共鸣，是儿童户外游憩空间导示系统设计中至关重要的构成元素。其设计应遵循色彩学的基本原理，以及儿童成长过程中由生理反应引起的对色彩配对、色彩命名、色彩偏好、色彩联想和色彩组合等思维习惯的循序变化，总结设计规律；并根据不同类型的游憩环境进行合理搭配，创造出能够启迪儿童丰富想象力的色彩环境。

对儿童户外游憩空间导示系统的色彩要素进行设计时，普遍受到 5 个方面的制约，包括民俗偏好、受众习性、场地环境、气候条件和材质属性，其设计原则主要包括：首先是主题性原则，色彩作为反映导示系统形象的重要视觉代码之一，具有通过情感联想强调空间主题的作用。对于儿童受众而言，主题性强烈的色彩搭配往往能"以小见大"，微妙暗示空间环境的特征，启迪儿童对户外游憩空间的认知。然后是统一性原则，导示系统主要通过调和的方式使两种或以上的色彩保持和谐统一的搭配，以创建便捷有序的传递体系；反之，杂乱无序的色彩搭配往往会破坏系统传达的顺畅性。面向儿童的色彩传递，更需注重在信息相对复杂的情况下利用同色相、相邻色、对比色调和的方式寻求契合点，以令体系的传递具有针对性且直观统一。最后是丰富性原则，过于追求统一的色彩，不仅会使导示系统显得单调乏味，还会使游憩空间缺乏生机。导示系统的局部色彩通过对比的方式强调色相、明度、纯度、面积和冷暖的变化，显示主从关系，丰富儿童户外游憩空间生动活泼的效果是极其必要的。

9.2.2 图形符号

图形符号起源于依索体系（ISOTYPE）的图像设计标准化，通过高度组织无碍共通、简明直观、形象易记的可视化信息，不依赖语言符号概括事物特征，优于对认知要求较高的文字信息向儿童等受众进行传播，成为儿童户外游憩空间导示系统设计中必不可少的视觉构成元素。其设计应基于儿童的认知能力，遵循每一阶段儿童的注意力和其视觉记忆的发展规律，通过生动可感的具象图形符号或结构简单的抽象图形符号赋予导示系统的内容和造型以鲜明的儿童特色，让儿童能够突破文化程度的局限有效运用跨语言的信息识别外部环境。其设计原则主要包括：首先是功能性原则，是指突破地域、年龄、场地等局限，无碍共通、快速直观地向大众传递复杂的导示信息，是图形符号在导示系统中的核心功能。尤其对于文字信息理解力较差的儿童受众，能否结合场地环境的不同需求，利用单纯封闭、易于识别的图形符号向他们进行有效、合宜的信息传递，直接影响着儿童户外游憩空间中导示系统的导示作用。其次是规范性原则导示系统所使用的图形符号应遵循我国《标志用图形符号表示规则 公共信息图形符号的设计原则与要求》GB/T 16903—2021 的标准，在明确设计内容的基础上，选取实心的通用图形，尽量做到左右对称，且图形符号的长宽比不宜超过 4：1，保持风格一致地进行设计。还要遵循趣味性原则，鉴于儿童的有意注意稳定性较差，注意的事物和时间都非常有限，且常常带有感情色彩的年龄特点，针对儿童的导示系统图形符号设计应在不影响基本导示信息传递的同时，从儿童的特性出发采用一些与时尚接轨的卡通、趣味元素，有目的、有计划地创造出能够引导儿童对特定游憩空间进行猎奇、探索的有效途径，以吸引儿童的注意力。

（1）国际性原则

随着各国间的频繁交流，通过适于全球儿童理解的通用文字，如运用中、英文的组合以促进文化的展示与交流，成为儿童户外游憩空间中导示系统文字设计的基本原则之一。

（2）规范性原则

文字的规范性能够提高儿童准确识别并接受户外游憩空间内导示系统信息的速度，保障着导示信息的准确传递。

（3）艺术性原则

儿童受其年龄所限，对导示系统文字的关注普遍集中在能够激发自己好奇心和想象力的字体表现形式上面，尤其是经过艺术化加工的文字字体（如少儿简体、卡通简体、胖头鱼体等）和图文内容（带有图案的字体等）往往更能激发儿童对户外游憩空间的兴趣和记忆，并使儿童产生自主识别的行为。

9.2.3 尺度

尺度是一种空间组合的重要手法，主要指根据人们的生理特点（身高、坐高、手长等）和使用方式，所形成的特定的、合理的尺寸范围，称之为尺度。尺度不只与使用要求紧密地联系，也和人们长期沿用而形成的尺寸概念有一定的关系，这也是构成合理的尺度感的重要因素之一。对儿童户外游憩空间中导示系统的尺度要素进行设计时，需结合儿童的生理特点、认知习惯和行为特征，分别对组成导示系统的各类导示设施进行长、宽、高等功能尺寸的合宜性设计，以引导儿童及其陪伴家长能够在不同的游憩环境里快速辨别特定空间。其设计原则包括适用性原则和延伸性原则2个方面。其中，适用性原则是指儿童户外游憩空间内导示系统的尺度要素设计需以满足儿童受众的适用性为前提，结合儿童各发展阶段的生理特点、认知习惯和行为特征，将不同功能分区中各类导示设施的功能尺寸（如长、宽、高等）进行合理设计。延伸性原则是针对成长期的儿童对导示系统的需求一直在改变，这多变的需求直接影响着儿童游憩空间内导示系统尺度要素的设计依据。如果完全根据各个年龄段儿童的不同需求，对构成导示系统的各类导示设施进行不同的尺度设计，往往会导致整个系统过于复杂，所以，对各类导示设施进行尺度设计时，应综合考虑其功能尺寸能够基本满足儿童发展阶段的可延伸性。

9.2.4 材料

材料是导示系统设计形成的基本载体，不同材料的色彩、肌理等可视的视觉属性，软、硬、冷、暖等可感的触觉属性各不相同。当今科技的迅速发展促使选材类别不断丰富，儿童户外游憩空间中的导示系统设计需要把儿童的安全性置于首位，选择适童化的环保、健康新材料，并运用新工艺、新技术，在避免对儿童身心造成危害的基础上阻止对儿童产生伤害，与时俱进实现使用安全、造型美感和精神情感的统一。其设计原则包括：

（1）视觉表现原则

服务于儿童的各类导示设施选材，需要将直观传递信息的视觉表现力置于首位。因地制宜地选取与场地环境风格相匹配并极具表现效果的材料，如自然淳朴的木材、石材，个性活泼的合成材料等，对实现导示系统在儿童户外游憩空间中的实体美感具有支撑意义。

（2）安全合理原则

儿童控制力差且易发生冲撞危险，各类导示设施的选材应考虑到儿童使用者的特征及感受。选材需外表光洁，无毒环保，并满足强度、弹力、抗冲击力、耐磨损力等技术力学方面的标准，保证材料及其涂料的安全合理性。

9.3 分级规划及设计原则

9.3.1 导示系统分级

一般来说导示系统在户外游憩空间中分类为三个级别较为合宜。

（1）一级导示

设置于形象展示的主要区域，如景点或者主功能区出入口、道路交叉口的资讯类、识别类导示设施，其中资讯类导示主要为总平面信息索引牌，须设置于主要出入口处；识别类导示主要为反映景点或主功能区名称信息的景点名称导示牌，须设置于景点或主功能区的出入口、重要节点处。

（2）二级导示

设置于道路、中心活动区、分龄活动区和配套管理区的定位类、识别类、引导类导示设施，其中定位类导示主要为区域位置索引牌，设置于道路（包括主要游憩路、次要游憩路、交叉口）和各个功能内；识别类导示主要为反映景点或主功能区内子功能区及其中如游戏器械、儿童盥洗、母婴设施等儿童户外游憩环境内必备活动设施的名称信息，设置于子功能区出入口处及其他主要活动设施的周边；引导类导示主要为引导景点、功能区或设施方向的多功能引导牌，一般设置于长距离无路口的道路沿线或重要道路节点沿线，最大间距不宜超过150m。

（3）三级导示

设置于道路、中心活动区、分龄活动区和配套管理区的说明类、限制类和推荐类导示设施，其中说明类导示主要分为对景点或者功能区的基本概况进行介绍说明的景点说明牌，对户外游憩空间内如垃圾桶、游戏器械等设施的使用加以说明的设施说明牌，以及结合相关游憩环境对科普教育、生活常识等进行说明展示的知识说明牌，强调适合儿童的图示化，设置于主要设施周边；限制类导示包括标注"禁止翻越""禁止触摸""禁止吸烟""禁止入内"等内容的安全警示牌，以及标注包括"当心触电""注意台阶"等内容的提醒警示牌，设置于易对儿童人身安全造成影响的区域；推荐类导示主要包括标注"无障碍通道""婴儿车停放""身高限制""步行区域""文明养犬""等候信息"等内容的温馨提示牌，以及标注包括"推荐路线""推荐景点""特色演出""特色餐饮"等内容的广告推荐牌，设置于特定功能区域的周边。

9.3.2 儿童户外游憩空间导示系统的设计原则

结合前文，儿童户外游憩空间内导示系统的设计，应通过总结常见问题，建立设计原则，寻求改善方式弥补现有不足，主要遵循五条设计原则：

（1）人性关怀，符合受众

以满足各年龄段儿童受众使用需求为落脚点进行人性化设计，是儿童户外游憩空间内导示系统设计的基础。结合儿童各发展阶段的生理特点、认知习惯和行为特征的分析，以及对导示系统各设计要素的研究，儿童户外游憩空间内导示系统的儿童受众主要分为两类，即读图儿童：2—7岁尚且需要父母辅助识别导示信息的儿童；读字儿童：7—14岁能够独立识别导示信息的儿童。

其中，7—14岁儿童为设计的主要受众，此阶段儿童的使用习惯、选择偏好和安全需求应成为导示设计的根本。

（2）层次清晰，分布合理

导示系统的本质是引导使用者在户外游憩空间内进行快速的自我定位和活动规划。儿童户外游憩空间内的导示系统设计要梳理出不同游憩空间的逻辑结构，例如综合公园附属游园和专类游园需要涵盖出入口、道路、中心活动区、分龄活动区和配套管理区的所有功能，而社区游园、带状活动场、街头活动场、公共设施附属活动场则会根据场地的具体情况而选择其中的部分功能，这样的梳理有助于层次清晰地归纳出每个空间所需要的导示类型。

要分析各年龄段儿童在不同游憩空间中的活动流线，尤其注重在所有游憩空间都必备的功能区域（如主要出入口、主要道路、游戏娱乐区、家长看护及交谈区等），以及易对儿童人身安全造成影响的区域，分等级、分信息合理设置导示设施，避免信息疏密偏失、重要信息遗漏或不突出。

（3）契合环境，易于识别

儿童户外游憩空间中的导示系统设计必须与空间环境相契合，置于醒目位置，便于使用者识别。例如色彩上普遍运用高明度、高纯度、强对比的色彩（如红色、黄色、绿色、橙色等）与场地环境相匹配；尽量选择大字号文字，或减少文字，通过简单的图解、分区域、分类型、分主题进行设计；尺度上与不同空间的大小成正比，尤其注重满足儿童在户外游憩过程中识别不同信息所需要的长、宽、高等功能尺寸；选材上需考虑选择适合户外、防腐、防火、防晕光、可夜视、可循序使用的材料，避免导示设施长时间受日晒雨淋而产生变形、脱落、褪色等问题。

（4）趣味互动，寓教于乐

由于儿童的注意力容易分散，所以充满卡通趣味、能够便捷互动的导示设施往往更能够吸引各年龄段儿童的注意，有助于儿童对环境进行认知。例如将导示设施制作成具有竞赛氛围的计分牌、加入对话框模拟信息交流体验、利用实物模型进行演示说明等，寓教于乐地进行导示引导，驱动并诱发儿童通过自主的智力活动认识环境，寻求空间定位并组织活动。

（5）科技协助，智能管理

导示系统仅供日间使用、缺乏持续更新等都会严重影响儿童及其家长对导示信息的读取，使导示设施失去导示功能。随着智慧城市概念的推广，导示系统开始借助一系列科技手段，如运用新兴合成材料内置数字控制的 LED 照明以保障重要的导示设施在固定时间开启夜视功能，并混合休闲座椅和街头 Wi-Fi 功能，保障儿童受众的夜间寻路安全，便于儿童受众及其家长全天候使用；又如通过后台智能化实时管控和更新的方式，联机收集、准确发布，并将筛选、汇总的导示信息呈现于触屏形式的设备上，让儿童及其家长受众能够更为自主、高效地制订游憩计划。

第十章　儿童参与的开放空间设计流程

　　儿童游戏场地的设计是一个不断循环的过程，远非简单地购买游戏设备、安装在场地上，然后不再理会的事情。高质量的儿童游戏场地需要经过深思熟虑的规划，持续不断的维护和管理，以及后续的反馈追踪，以确保以最佳状态为儿童提供高质量的服务。

　　关于游戏场地规划设计管理流程的理论研究成果丰富，经过广泛的文献研究后，我们在第十章引用了英国儿童游戏研究组织 PLAY ENGLAND 构建的设计管理流程作为指导。在适应中国现实情况的基础上，我们提出了六个方面的详细建议，涵盖了充分的前期准备、儿童参与的设计过程、施工、使用、维护和反馈等关键环节。首先，前期准备阶段要确保深入了解儿童的需求和特点，明确目标和预算，制定详细的计划。其次，儿童应当参与设计过程，他们的意见和建议应当被充分考虑。接下来，施工阶段需要确保设施的安全性和质量。然后，在使用阶段，定期的维护和保养是关键，以确保设施的长期可持续使用。最后，设计反馈是一个持续改进的过程，需要不断听取用户的反馈和建议，以不断提升游戏场地的质量。

　　这一章的内容旨在指导儿童游戏场地的规划、设计和管理，以确保它们在长期内能够为儿童提供安全、有趣、教育性的游戏体验。通过严格遵循设计管理流程，我们可以确保儿童友好型游戏场地的成功建设和运营，为儿童的全面发展提供更多机会。

10.1　前期准备

　　准备阶段对于一个可以在较长时间段内持续发展动态更新的儿童游戏场地来说至关重要。游戏场地选址首先需要着重考虑空间可达性的问题。游戏场地选址会必然受到周边环境的限制，但是机遇与挑战并存，高效利用空间、充分挖掘场地特质能为不同年龄和不同性别的儿童提供更好的游戏空间。

　　同时，对目标人群的年龄进行细致分析可以给游戏场地更合理的年龄定位，但是对于高密度的居住区或者社区公园，创设可以同时吸引不同年龄阶段儿童或者青少年活动的场地也是一种高效且经济的做法。在此值得注意的是，游戏场地没有必要按照特定的年龄来进行分区，低年龄的儿童喜欢参与年龄较大儿童的游戏并从中学习经验，而且很多时候针对青少年设计的游戏场地也在不同的时间段被幼儿广泛使用。相比较于小尺度的游戏场地，大规模的游戏场地可以更好地为不同年龄的儿童提供特定的游戏设施和空间。对于大儿童和青少年来说，他们会需要更多更复杂的游戏设施，一定的社交空间是他们相较于幼儿特别的需求。

　　在儿童游戏场地设计的准备阶段，考虑以下几个问题可以形成较为清晰的思路。

　　① 如果是一个新建设工程，选址是不是有良好的空间可达性？

② 如果是一个改造工程，场地是否适宜继续作为儿童游戏空间来使用？
③ 使用者通过什么交通方式到达游戏场地？
④ 游戏场地现存的设施能不能满足目标年龄使用者的需求？
⑤ 是不是能号召居民或者是使用人群参与设计过程？
⑥ 游戏场地的设计目标和定位是什么？

10.2 设计过程

游戏场地的设计应当将选址、器材选择和整体风格作为一个整体进行综合考虑。通过用景观设计手法统筹游戏场地设计的各种要素，可以避免游戏场地成为"器材—围栏—铺地"（Kit, Fence, Carpet, KFC）这样千篇一律的设计形式。

对于儿童户外游戏场地的设计来说，景观设计的技术技巧和对于游戏的理解认识这两方面内容都至关重要。好的景观设计手法可以充分利用场地特质给游戏场地带来更多的趣味，开发出游戏器材以外更多吸引儿童游戏的空间，可极大地丰富儿童的游戏体验。

此外，儿童参与游戏场地的设计对于提升儿童在城市中的话语权和保护儿童权益具有十分重要的意义，因此，儿童参与型设计作为一种更加适宜儿童表达和更加儿童友好的设计方法在英国和丹麦等多个国家已经具有了较为丰富的尝试。为了实现更加适宜儿童户外活动的游戏场地，本书主张在游戏场地设计的全过程中邀请儿童以不同方式进行深度参与。儿童参与设计的方式可以通过让儿童自由表达他们对于游戏场地的需求和期待；邀请儿童参与设计过程，以绘画、模型搭建等多种创意方式表达他们对于场地理解；并且，让儿童参与到搭建与施工的过程中，通过自己的力量为场地带来真实的改变；以及，通过邀请儿童参与游戏场地后期评估和意见反馈等多种方式来实现（图10-1～图10-7）。

图10-1 上海金山朱泾社区"PLAY@summer school"活动，儿童通过绘画的方式表达对户外场地设计的期待
（图片来源：IUG）

第十章 儿童参与的开放空间设计流程

图 10-2　基于儿童创意和想法通过专业设计手法营造的儿童游戏场地效果图
（图片来源：张馨元、陆玲、李子林、陈子鹭、鲍书婷设计）

图 10-3 上海杨浦区长白二村小学分校"小小规划师"项目,儿童通过绘画的方式表达对社区户外场地的期待和想法(图片来源:IUG)

第十章 儿童参与的开放空间设计流程

图 10-4 儿童通过橡皮泥塑的方式表达对公园户外场地的期待
（图片来源：IUG）

图 10-5 儿童讲解橡皮泥塑公园场地设计的想法
（图片来源：IUG）

儿童友好的开放空间构建

图 10-6　上海汇成街道儿童心智地图，儿童通过心智地图的方式表达对于社区周边道路的想法
（图片来源：IUG）

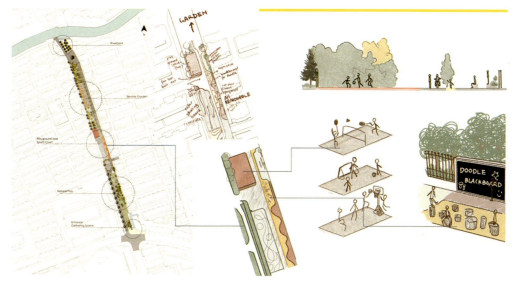

图 10-8　基于儿童创意和想法通过专业设计手法营造的儿童游戏场地设计
(图片来源：张馨元、陆玲、李子林、陈子鹭、鲍书婷设计)

10.3　施工阶段

在游戏场地建设的施工阶段，客户和目标使用人群的参与是有限的。无论是设计方负责施工还是招标选出的施工单位进行施工，设计师在施工过程中仍然扮演监督和检验的角色。施工过程中产生的一些对周边环境的危害，例如对地下管网带来的影响，重型车辆交通和高空作业都需要按照相关规定标准进行（图 10-8）。

整体来说，施工过程需要考虑以下几个问题：

① 如何让周围居民知晓施工进程，尤其是竣工日期以及工期是否将延长？

② 施工过程是否会对周边居住儿童的正常生活产生影响，尤其是如何控制施工现场给儿童带来的安全隐患问题？

③ 谁是客户代表负责施工过程中出现的问题的交涉？

④ 施工过程的环境测评，需要考虑碳排放、建筑垃圾、交通运输需求、材料和噪声问题等方面的问题。

图 10-8 Toyard 场地 3D 打印花架施工
（图片来源：IUG）

10.4 使用阶段

游戏场地竣工仪式，可以让使用者感受到他们得到了一个备受关注的游戏场地。有效的管理和迅速的修缮可以让儿童感受到这个游戏场地的重要程度。游戏场地的设计一定不是终止于竣工的那一天，后期使用中的管理和维护是游戏场地品质的根本保障，然而这正是我们国家现在的儿童游戏场地所欠缺的部分。参考欧美一些发达国家的做法，在场地使用期间联合社区居委会共同管理游戏场地是一种合理高效的做法。

在场地使用期间我们需要注意以下问题：

① 是否考虑过号召当地居民甚至是知名人士参加游戏场地开放使用的庆祝仪式？

② 是否可以在场地上组织活动，并借此来维持游戏场地的养护？

③ 是否可以和当地居委会商量来共同管理游戏场地？

10.5 场地维护

游戏场地持续的维护管理是创设流程最容易忽视但也是最核心的部分。优秀的儿童游戏场地建设案例通常具有精细的后期维护，当然后期维护也需要充足的资金支持。游戏场地维护的内容繁杂，包括垃圾清理、设施的安全检查以及设施的修理更换等很多内容。毫无疑问，越是使用频率高的游戏场地耗损也越严重，及时的维护与修缮会让游戏场地一直成为儿童心目中的最爱。而且管理维护也会让儿童感受到游戏场地是受到重视的，他们也会自发地爱护并且正确使用游戏设施。反之，如果一旦放弃维护或者仅仅是修理不及时，游戏场地会迅速衰败。因此定期维修和快速处理问题是游戏场地维护的基本原则。

关于游戏场地的维护，需要注意以下问题：

① 是否将游戏场地的维护视为游戏场地设计的重要组成部分？

② 是否考虑借助当地居委会的力量共同实现游戏场地的持续维护？

10.6 设计反馈

施工结束绝不是游戏场地设计流程的终止，而是反馈阶段的开始。好的游戏场地是随时间继续发展的，从没有停止的那一天。一个充满活力的游戏场地设计管理人员应密切地关注游戏场地空间的利用，并且寻找合适的机会引入新的游戏。这样的设计反馈可以更加合理地进行游戏场地资源配置，为游戏场地的创设带来更多价值。

设计反馈最佳的进行时期是在投入使用的 6～9 个月以后，这时场地设计问题会充分暴露，比仅仅投入使用 1 个月的游戏场地更有研究意义。研究可以采用直接观察的形式发现游戏场地存在的问题和值得进一步开发的优势，也可以组织家庭问卷调查了解使用者的需求。

参考文献   REFERENCE

图书：

[1] 方富熹，方格. 儿童发展心理学 [M]. 北京：人民教育出版社，2005.

[2] F. 克拉曼，等. 人类工程学知识 [M]. 张福昌，译. 北京：轻工业出版社，1985.

[3] 洪得娟. 景观建筑 [M]. 上海：同济大学出版社，1999.

[4] 简·雅各布斯. 美国大城市的死与生 [M]. 南京：译林出版社，2005.

[5] 李道增. 环境行为学概论 [M]. 北京：清华大学出版社，1999.

[6] 林玉莲，胡正凡. 环境心理学 [M]. 2版. 北京：中国建筑工业出版社，2006.

[7] 孟刚. 城市公园设计 [M]. 上海：同济大学出版社，2005.

[8] 马建业. 城市闲暇环境研究与设计 [M]. 北京：机械工业出版社，2002.

[9] 让·皮亚杰. 儿童的心理发展 [M]. 傅统先，译. 济南：山东教育出版社，1982.

[10] 徐磊青. 环境心理学 [M]. 上海：同济大学出版社，2008.

[11] 姚时章，王江萍. 城市居住环境设计 [M]. 重庆：重庆大学出版社，2000.

[12] 扬·盖尔. 交往与空间 [M]. 何人可，译. 北京：中国建筑工业出版社，2003.

[13] 赵肖丹. 居住区环境设计 [M]. 北京：中国建筑工业出版社，2018.

[14] 朱堂纯. 园林小品与设施：儿童游乐设施 [M]. 北京：中国建筑工业出版社，2004.

期刊论文：

[1] 吴敬需，李娟. 试论造园设计与人类心理 [J]. 中国园林，1990（03）：39-41.

[2] 李子臣，李薇. 火爆动漫：动漫的发展现状及社会心理需求 [J]. 社会，2003（02）：22-24.

[3] 陈德珍，熊仓千代子，芦泽玖美. 上海儿童体质发育的研究 [J]. 人类学学报，1997（05）：112-122.

[4] 陈敏. 城市空间微更新之上海实践 [J]. 建筑学报. 2020（10）：29-33.

[5] 陈圣泓，肖芳. 与绿色一起成长的童年：江苏启东市头兴港畔儿童公园设计 [J]. 中国园林，2007（10）：22-27.

[6] 陈先春. 论1949—1952年上海金融业改造的历史背景 [J]. 档案与史学，1995（06）：46-53.

[7] 程蓉. 以提品质促实施为导向的上海15分钟社区生活圈的规划和实践 [J]. 上海城市规划，2018（02）：84-88.

[8] 丁茜，董楠楠. 德国波鸿市依据城市儿童人群特点的游戏活动场地布局 [J]. 园林，2018（02）：3.

[9] 董楠楠，伊娃，杨佳希. 基于儿童友好型社区的环境体系构建[J]. 城市建筑，2017（29）：28-30.
[10] 高杰，章俊华，白祖华. 区域环境对儿童活动场所的影响：以日本儿童遭遇犯罪的空间环境分析为例[J]. 中国园林，2006（01）：59-65.
[11] 高杰. 日本儿童室外游戏空间研究及实践[J]. 风景园林，2012（05）：6.
[12] 高亚琼，王慧芳. 长沙建设儿童友好型城市的规划策略与实施路径探索[J]. 北京规划建设，2020（03）：4.
[13] 何丰，朱隆斌. 从街道到游乐场：荷兰儿童友好型街道实践经验借鉴[J]. 住宅科技，2020，40（04）：5.
[14] 冷英. 加德纳的多重智力理论及其启示[J]. 心理学探新，2001（01）：33-37.
[15] 理查德·洛夫. 林间最后的小孩：拯救自然缺失症儿童[J]. 中国发展观察，2014（09）：14-15.
[16] 李洪玉，尹红新. 儿童元认知发展的研究综述[J]. 心理与行为研究，2004（01）：383-387.
[17] 李建伟. 儿童游乐场所的设计目标与创意[J]. 中国园林，2007（10）：28-32.
[18] 李晓庆，王一清. 浅析我国主题公园的发展方向[J]. 山西建筑，2005，31（11）：33-34.
[19] 李宇宏，徐绍民. 城市儿童游戏场空间构成研究[J]. 新建筑，1999（06）：13-15.
[20] 林瑛，周栋. 儿童友好型城市开放空间规划与设计：国外儿童友好型城市开放空间的启示[J]. 现代城市研究，2014（11）：36-41.
[21] 吕玉恒，郁慧琴，魏化军. 上海市城市噪声污染现状及对策建议[J]. 噪声与振动控制，2006（26）：1-4.
[22] 刘宝林. 儿童少年生长发育研究的回顾与展望[J]. 中国学校卫生 2006（01）：1-2.
[23] 刘磊，雷越昌. 社区规划中的儿童友好政策探索与思路：以深圳市儿童友好型社区试点经验为例[J]. 城市建筑，2018（12）：22-25.
[24] 刘磊，雷越昌，吴晓莉，等. 现代主义城市中的儿童与儿童友好型空间[J]. 上海城市规划，2020（03）：1-8.
[25] 刘悦来，范浩阳，魏闽，等. 从可食景观到活力社区：四叶草堂上海社区花园系列实践[J]. 景观设计学，2017，5（03）：72-83.
[26] 刘易斯·芒福德，宋俊岭，宋一然. 城市发展史：起源、演变与前景[J]. 书城，2019（02）：1.
[27] 马宏，应孔晋. 社区空间微更新上海城市有机更新背景下社区营造路径的探索[J]. 时代建筑，2016（04）：10-17.
[28] 毛键源，孙彤宇，刘悦来，等. 公共空间治理下上海社区规划师制度研究[J]. 风景园林，2021，28（09）：5.
[29] 梅瑶炯. MEMORY·童年·印象：合肥市政务文化新区儿童公园概念性方案[J]. 中国园林，2006（02）：38-44.
[30] 苗雪红. 儿童自然游戏群体传统的失落与当代的重建[J]. 理论建设，2004（11）：9-11.
[31] 邱红，甘霖，朱洁. 国际儿童友好型城市建设路径及对北京的启示[J]. 城市发展研究，2022，29（01）：1-5.
[32] 施雯，黄春晓. 国内儿童友好空间研究及实践评述[J]. 上海城市规划，2021（05）：129-136.
[33] 沈员萍，王浩. 儿童公园设计发展新方向初探[J]. 陕西林业科技，2011（03）：58-61.
[34] 施立平. 多维度需求下的上海城市微更新实现路径[J]. 规划师，2019（A01）：5.
[35] 苏珊·G. 所罗门. 1966—2006年美国儿童游戏场的变化[J]. 张文英，译. 中国园林，2007（10）：15-18.
[36] 谭玛丽. 适合儿童的公园与花园：儿童友好型公园的设计与研究[J]. 周方诚，译. 中国园林，2008（05）：44-47.
[37] 谈小燕. 社区治理视角下的社区儿童参与[J]. 中国校外教育（上旬刊），2018（07）：6-10.

[38] 唐莉英.浅议城市公共空间中儿童游戏场的空间构成[J].绵阳师范学院学报,2010,29(11):120-124.

[39] 田银生,唐晔.儿童的世界:东风城儿童世界公园规划设计[J].规划师,2005(04):44-47.

[40] 王飞跃.知识产生方式和科技决策支撑的重大变革:面向大数据和开源信息的科技态势解析与决策服务[J].中国科学院院刊,2012(05):527-537.

[41] 王楠,周建华,李旭.儿童友好型社区户外活动空间设计策略[J].西南师范大学学报(自然科学版).2017,42(07):118-125.

[42] 王美芳.错误信念理解后儿童心理理论的发展[J].心理发展与教育,2001(04):122-130.

[43] 王美芳.儿童人格特质概念的研究方法[J].心理科学进展,2003(11):417-422.

[44] 王翠萍,靳亦冰.从《城市设计:美国经验》中得到的经验[J].城市问题,2005(05):6.

[45] 王薇,余庄.中国城市环境中空气负离子研究进展[J].生态环境学报,2013(04):705-711.

[46] 王璇,吕攀,王雪琪,等.儿童友好型社区户外游戏空间营造研究[J].中国园林,2020,37(z01):62-67.

[47] 温锋华,王雅姝.儿童友好型社区健康空间需求与治理策略[J].北京规划建设,2020(03):25-29.

[48] 吴良镛.从城市文化发展的角度,用城市设计的手段看历史文化地段的保护与发展[J].华中建筑,1998(03):94-99.

[49] 吴夏安,徐磊青,仲亮.《城市居住区规划设计标准》中15分钟生活圈关键指标讨论[J].规划师,2020,36(08):8.

[50] 吴云霄,李华军,董仕萍.重庆市公园7种植物群落结构对夏季微气候的改善效果[J].西部林业科学,2007(06):75-79.

[51] 谢红梅.儿童画评价的科学依据:儿童生理、心理因素与儿童绘画的关系[J].艺术理论,2008(07):66-67.

[52] 杨海."社区营造"思想和手段对保障性住房住区规划设计的启示:以南京马家店保障性住房住区规划设计为例[J].建材与装饰,2018,558(49):77-78.

[53] 杨焰文,肖毅强.儿童游戏场地系统规划探析[J].规划师,2001,17(01):84-86.

[54] 姚国英,魏梅,方秉华.上海市7岁以下儿童30年身高、体重变化的研究[J].中国儿童保健,2007(12):611-615.

[55] 叶明武.基于GIS的上海中心城区公园避难可达性研究[J].地理与地理信息科学,2008(07):42-49.

[56] 曾鹏,蔡良娃.儿童友好城市理念下安全街区与出行路径研究:以荷兰为例[J].城市规划,2018,42(11):8.

[57] 周源和,吴申元.上海历史人口研究[J].复旦学报(社会科学版),1985(04):90-99.

[58] 张安.上海鲁迅公园空间构成变迁及其特征研究[J].近代风景园林,2012(08):96-100.

[59] 张士心.鲁迅公园的景观特征[J].风景园林,1996(12):27-29.

[60] 张立红.皮亚杰与布鲁纳儿童智力发展学说之比较[J].外国教育资料,1992(03):37-39.

[61] 张志恩.鲁迅公园的历史沿革与历史评价[J].中国园林,1996(12):22-24.

[62] 张忠民.20世纪年50代上海新公私合营企业的工资改革[J].当代中国史研究,2011(06):36-44,125.

[63] 赵民."社区营造"与城市规划的"社区指向"研究[J].规划师,2013,29(09):6.

[64] 郑信军.7—11岁儿童的同伴接纳与心理理论发展的研究[J].心理科学,2004(02):398-399.

[65] 朱磊.城市公园景观设计：以上海世纪公园为例[J].景观设计，2011（11）：100.
[66] 朱智贤.有关儿童智力发展的几个问题[J]，北京师范大学学报，1981（01）：39-46.

学位论文：
[1] 陈云霞.儿童友好型城市理念下的社区交通系统优化研究[D].深圳：深圳大学，2019.
[2] 丁宇.当代城市儿童户外游戏空间研究[D].武汉：华中科技大学，2006.
[3] 黄以笛.大型居住社区的儿童友好程度评价：以上海浦东三林居住社区为例[D].上海：同济大学，2019.
[4] 贾佳.上海市中心城区综合公园变迁研究[D].武汉：华中农业大学，2011.
[5] 梁瑞雪.我国不同时期幼儿园社会教育特点研究[D].北京：首都师范大学，2013.
[6] 李圆圆.儿童户外游戏场地设计与儿童行为心理的耦合性研究[D].重庆：西南大学，2009.
[7] 李东林.5—9岁儿童心理理论的发展及其与同伴接纳关系的研究[D].南京：南京师范大学，2008.
[8] 李宏宇.适应素质教育的幼儿园游戏活动空间研究：以武汉地区为例[D].武汉：华中科技大学，2011.
[9] 刘媛.上海儿童日常生活中的历史（1927—1937）[D].上海：华东师范大学，2010.
[10] 潘妮娜.建国初期上海灾害救济的历史经验（1949—1952）[D].上海：华东师范大学，2011.
[11] 沈萍.儿童友好型城市公共空间设计策略研究[D].长沙：湖南大学，2010.
[12] 唐莉英.城市儿童游戏场空间研究[D].成都：西南交通大学，2004.
[13] 王雨晴.基于建筑尺度儿童友好的社区公共服务设施评估体系研究[D].武汉：华中科技大学，2020.
[14] 徐涵.城市共享与感知视域下开放空间设计策略研究[D].杭州：浙江农林大学，2019.
[15] 詹燕.城市开放空间中儿童游戏场所规划设计探析[D].重庆：重庆大学，2005.
[16] 张丁雪花.城市更新背景下的长沙老街区儿童活动空间研究[D].湖南：湖南大学，2017.
[17] 张晓曦.儿童空间环境设计与儿童审美能力培养的关系研究[D].沈阳：东北大学，2009.
[18] 张玉枝.中国城市社区发展的理论与实证研究[D].上海：华东师范大学，2001.
[19] 赵天晴.广州社区儿童户外活动空间研究[D].广州：华南理工大学，2020.
[20] 闵梓.基于地形空间特征的重庆公园儿童游戏活动场地适宜性设计研究[D].重庆：西南大学.

后　记　POSTSCRIPT

从 20 世纪 50 年代起，儿童发展权益在国际范围内逐步受到重视。1996 年，联合国第二届人居环境会议发起"儿童友好型城市"倡议，标志着儿童的需求和权利被纳入城市环境建设与管理公共决策中。从 1996 年至今，全球已有 48 个国家和地区参与其中，包括伦敦、巴黎、慕尼黑、温哥华、哥本哈根和首尔在内的 400 多座城市（社区）通过 CFCI（Child Friendly City Initiative，儿童友好城市行动）认证。儿童友好城市致力于实现以儿童群体为核心的空间友好度整体化提升；认为每个儿童都有权在一个让他们感到安全和有保障的城市环境中自由玩耍、学习和成长，并获得基本的城市服务、清洁的空气和水；主张倾听并尊重儿童的声音，从儿童视角出发，审视现有城市空间环境；具体措施体现在注重提高儿童身心健康、完善高品质生活环境、促进儿童社会参与、增加更多的基础设施和完善社会服务等方面。

随着我国新型城镇化建设发展步伐的加快和人口生育政策的进一步开放，儿童友好城市正式被写进国家"十四五"规划，成为新时期城市建设面向高质量发展和高品质生活目标下的风向标。我国自 1990 年签署了联合国《儿童权利公约》，30 多年来一直在探索儿童健康成长与城市空间发展的命题，尤其近两年，从国家到地方政府陆续出台了一系列国家战略和相关政策措施，极大促进和鼓舞了中国的儿童友好城市发展。2021 年 9 月，国务院印发《中国儿童发展纲要（2021—2030 年）》，提出未来 10 年的发展计划；2021 年 10 月，国家发展改革委联合 22 部委印发《关于推进儿童友好城市建设的指导意见》，计划到 2025 年，在全国范围内建设 100 个儿童友好城市试点；到 2035 年，将有 100 座左右的城市被命名为"国家儿童友好城市"，从而推动儿童友好成为城市高质量发展的标识。

创建儿童友好城市环境已经成为我国城市、社区等诸多场景的共同关注点。近年来，国内以深圳、长沙、上海、南京、成都、武汉等为代表的城市，积极响应和推进儿童友好城市创建，并获得了一定的实践成果和发展经验。在总结国际发展动态和国内地域经验的基础上，结合近 10 年来团队的相关实践探索，本书试图从系统性的基础理论、规划设计的导则方法以及全周期的治理和运行规律等方面，阐释儿童友好环境（开放空间）的设计方法。

本书主要包括三个部分：上篇主要是近年国内外以及本团队开展的相关理论研究，包括儿童友好环境的基本概念，以及从儿童户外行为和游戏场地两个角度分析总结的基本理论与规范原理。中篇主要从分类的视角，结合国内外案例与本团队的调研结果，对公园、社区、郊野中的儿童友好环境的内容与原则要点进行梳理和介绍。下篇主要是儿童友好环境的设计内容，包括不同尺度下的设计要点以及安全、标识等专项设计。本书将从多元的城市儿童友好环境场景以及针对多元场景的全流程设计方法两个层面，为规划设计师和儿童友好环境研究从业人员提供必要的设计指导和理论参考。

感谢英国谢菲尔德大学（The University of Sheffield）的海伦·伍利（Helen Woolley）教授和迈克尔·马丁（Michael Martin）副教授、荷兰设计师伊娃·范·博德伦（Eva van Bolderen）等国际团队。与他们的合作与交流让人受益匪浅。

感谢四川大学王霞副教授、华南农业大学潘建非副教授、湖南大学沈瑶副教授、武汉市园林建筑规划设计院季冬兰总工程师，以及同济大学的姚栋副教授、惠英副教授、刘悦来副教授、魏闽博士等国内专家在该研究领域的长期支持与合作交流。

感谢上海乐丘游乐设备有限公司（本书中简称"乐丘"）、绿文文化创意有限公司（本书中简称"绿文"）、季高集团、VIA维亚景观、华东建筑设计研究院有限公司、上海自然树教育科技有限公司（本书中简称"自然种子"）、四叶草堂团队、都市绿创团队（本书中简称"IUG"）等行业伙伴的长期支持。

感谢丁茜、樊嘉雯、邹珊珊、王艺、王美锜、陈奕璇、张圣红、陈健、丁佳、朱燕兰、曹阳、杨丹、邱青、刘雅琪等同学和万昱敏、张丽云、叶俊等IUG成员参与本书的编纂工作。

感谢上海市哲学社会规划课题"基于老幼复合型模式的老旧社区儿童友好环境构建策略研究"（2019BCK012）；上海浦江人才项目"基于儿童健康与环境影响机制的上海内城区户外游憩场地配置研究"（22PJC109）对本书的支持。